∽ 卡盧仁波切 ∾

大手印 暨
觀音儀軌修法

GENTLY WHISPERED
ORAL TEACHINGS BY THE VERY
VENERABLE KALU RINPOCHE

第十二世泰錫度仁波切◎序
陳琴富◎譯

金剛持，由噶瑪噶舉傳承的創始者所圍繞：帝洛巴、那洛巴、瑪爾巴、
密勒日巴、岡波巴、杜松虔巴（第一世嘉華噶瑪巴）（西藏傳統的唐卡
畫，由不知名的畫家所畫，二十世紀中的作品）

獻給清淨、永恆、輝煌的噶舉傳承
並祈願傳承的師徒們能夠圓滿承諾
度一切眾生成佛

卡盧仁波切於一九七〇年代早期在印度索那達寺的房間內抄寫經書。
〔謝拉·艾賓（J. G. Sherab Ebin）攝影〕

目 錄

'SHERAB LING'
INSTITUTE OF BUDDHIST STUDIES

P. O. SANSAL
DIST. KANGRA H. P. INDIA - 176 125

泰錫度仁波切

尊貴的卡盧仁波切是藏傳佛教最偉大的導師之一，他的禪修經驗和圓融的智慧深爲與他接觸過的人所激賞。此刻是把他珍貴的教法翻譯成英文最適當的時機，讓佛法更易爲廣大的佛弟子以及宗教哲學研究者所接受。

我非常高興有人爲這本書奉獻出時間和努力，我要感謝編輯和出版商爲這本書所付出的心力。

願這個教法能帶給所有讀者喜樂，以我的謙卑和誠摯祝福你們。

第十二世泰錫度仁波切

汪遷仁波切

　　只要世界還存在有情眾生，心靈法教和心靈導師就絕對有需要，因為當前科技發展和物質的方便性雖然獲得相當可觀的成就，很明顯的事實是，混亂與錯誤的價值也已經達到頂點，我們需要以智慧來克服所有的問題，這個急迫性更甚於以往。

　　終究，回答這些所有的問題只有靠心靈引導。佛法的偉大傳統在歷史上已經造就了許多覺悟大師，際此對心靈渴求的時代，很幸運的，我們有怙主卡盧仁波切，他是佛的化身。

　　無疑的，卡盧仁波切是二十世紀最偉大的上師之一，這樣讚美我的上師並不是因為他對我特別好的緣故，任何只要跟他接觸過的人都知道這個事實；那些無緣與他接觸的人，或許可以藉著閱讀這本《大手印暨觀音儀軌修法》嘗到他智慧的法味，以及他無條件的慈悲與愛。

　　我非常高興也很感謝這本書的出版，讓中文的讀者有緣親炙卡盧仁波切的法教。我相信這本書不止可以幫助你們了解佛法奧義，而且透過一個覺悟上師的加持可以把你們的證量帶往最高層的境地。

　　願卡盧仁波切的佛行事業能夠永遠昌盛，願此珍貴的教法能夠轉化眾生的心。

汪遷仁波切
二〇〇八年五月五日

英文版編者序

　　時序應該是夏天了，但是遠離我的加州故居，讓我深為季風的氣候所苦，濃厚的雲層完全不顧我的存在，感覺快被吞噬，只偶爾在寒夜裡稍微退卻，而遠處的燈光使得寒夜更加昏暗。由於我承諾要參加珍貴的金剛乘灌頂，於是到了座落在喜瑪拉雅山脈、著名的大吉寺，從大吉嶺開車需要幾個小時才抵達山腳。大約有超過百位藏傳佛教的弟子聚集在此接受珍寶伏藏（Rinchen Terdzod）的傳法，這是尊貴的蔣貢康楚仁波切所彙編的五個珍寶伏藏之一。我們聚會六個月，擠在一個裝飾著美麗唐卡的佛堂中，唐卡上畫著修習金剛乘很重要的本尊，看著噶瑪噶舉傳承持有者接受金剛上師卡盧仁波切的灌頂儀式。我們都等待著這一時刻，期盼這些祖古（被認證轉世的仁波切或是成就者）能夠繞道經過群眾面前，讓當天的法教得以加持現場的所有人。

　　我看到卡盧仁波切坐在後面幾個小時，念誦著法本和灌頂偈頌，對於佛法無止盡的精進令人尊敬。的確，在我旅遊各地追尋神聖和不可思議的法教過程中，從來沒有碰過像他這樣的上師。

　　卡盧仁波切不厭倦的致力於利益一切眾生，令我印象深刻。無庸置疑地，我對他抱持最高的敬意，因為他向我展示了在此珍貴的人身中成佛的潛能。

　　就在此刻，激起了我一股強烈的發心，希望藉著我的溝通技巧，讓卡盧仁波切的法教能夠傳播給更廣大的讀者。就在此刻，他靜靜的低語、溫柔的法音，鼓舞我堅信：只要對金剛乘有堅定

11

的信心，獻身於真正的傳承，對佛陀的法教有信心——任何人
只要存有這種願望，最終都可以成佛。

這本書擷取了許多卡盧仁波切的紀錄和演講、教法的不同
譯本和他的即席開示，試圖對卡盧仁波切的教法：四種垢障、菩
薩戒、觀音法門的修持，以及三乘的精義，做一個完整的介紹。
這本著作是一個主題、一個主題逐一編譯而成，因此，沒有哪一
章是由一個譯者獨自譯成的。再者，這些章節是從仁波切自六〇
年代晚期（在仁波切旅遊世界各地弘法之前）到八〇年代中期、
超過二十年的法教內容所編成，這些教法弘揚的地方遍佈世界各
地。

素材的安排讓讀者能夠由淺入深漸進地了解藏傳佛法的架
構，因此，我們建議逐章閱讀。前三章包含了許多基本觀念，初
學者或許會覺得有點困難，但是對於了解後面章節的內容卻是必
須的。

要注意的是，仁波切會重複不同的觀念，並且會不斷的提到
已經講過的觀念。一開始初我曾考慮把這些重複的素材刪除，讓
全文更流暢、優美。但是，當編輯流程繼續的時候，我才了解到
這些重複的解釋並不只是為了修辭上的需要，而是為了以不同的
觀點論述。最好的例子就是仁波切以不同的觀點闡釋心的本質，
在不同的三個章節裡，分別做了詳細的討論，每一個討論都加上
了小乘、大乘、金剛乘的不同基本觀念，因此，對於有情眾生想
要解脫的最困惑問題——心的本質，每一個解釋都給予最新而
直接的洞見。

附加的梵語只放在術語對照表中。術語對照表的細節在附錄
C 的開頭會詳述。

經過第十二世泰錫度仁波切的允准，特別納入他對於觀音本
尊儀軌觀想和祈請的詳細解釋。因爲佛陀在《大佛頂首楞嚴經》
中公開鼓勵對於觀音法門做虔敬的修行，任何人只要有興趣，觀
音本尊被認爲是可以立即修行的法門，並不需要經過特別的允許
或灌頂儀式。此外，蔣貢康楚仁波切也應我的邀請，爲卡盧仁波
切迅速轉生所寫的祈請文，也包含在這一章節中。關於觀音儀軌
和詳解，放在附錄 B。

知道這本書即將問世，泰錫度仁波切的直接關切是最受用
的。他對這本著作的幾個問題奉獻了寶貴的時間，欣然地、坦誠
地幫助這本著作達到成熟的地步，滿足了許多句法上、因果關係
上的複雜解釋。對於他的這項加持，我們致以最誠摯的感激。

一些虔誠的弟子樂於見到卡盧仁波切的教法能宏揚各地，
都熱心提供他們在英語和藏語上的專長。因爲一般人並不熟悉藏
語，如果沒有他們的翻譯，當仁波切悅耳的法語流洩而出時，對
大眾將毫無意義。仁波切在世界各地弘法的期間，對所有協助翻
譯的人，其受益是不可計數的。這本法語集的出版，我們要特別
感謝秋吉寧瑪（Chokyi Nyima）、謝拉·艾賓（Sherab Ebin）、
莫瑞爾（Jeremy Morrell）對於仁波切智慧法音的卓越翻譯。

爲了確保這本卡盧仁波切教法的編譯能夠保留佛法的眞意，
我要求幾位最初的譯者（負責這本著作主要章節的譯者，以及多

年來經常替仁波切翻譯的人）看過最後的草稿，以確認翻譯沒有疏漏。他們對於佛法深廣的修行，幫助我們確認了這項編譯的努力，已經精確地從藏文譯成英文。

然而，當我接到泰錫度仁波切的祕書隨同序言的一封信函中寫著：「我謹代表泰錫度仁波切給你寫這封信，謝謝你的信函以及卡盧仁波切《大手印暨觀音儀軌修法》的內容大要，泰錫度仁波切對於你們所做的努力感到非常高興，也樂意為這本書寫序。序是以公開信的方式寫給所有的讀者，而且有他的印璽。他希望這篇序文以你們收到的信紙方式來呈現。仁波切祝福你們。」在看到目標達成的時候，我深感喜悅和安慰。

我要特別感謝幾位人士在我編輯此書的註解之外，提供給我許多素材。他們是：翻譯者秋吉寧瑪、謝拉艾賓、莫瑞爾、徹林拉摩（Tsering Lhamo）、徹旺吉美（Tsewang Jurmay）、聽列敦巴（Tinley Drupa）。另外還要感謝舊金山林柏克公司的飛利浦・蕭和麥可・迪哥希特的大力協助。

一些接觸過佛法的人，在看過草稿後，根據他們的專業提供了寶貴的建議：戴安・蔡傑生加了一些必要的觀點；溫帝・傑斯特提供了無價的支持和編務上的協助；謝拉・艾賓以他所知，在佛教的名相以及佛教傳入西藏和西方的歷史情況，提供了最大的協助。

本書的出版，謝拉・艾賓提供了好幾次額外而寶貴的奉獻。他所提供的照片包括最近和過去在印度期間與仁波切的生活照，

並在視覺效果上做了強化。他對於電腦安裝和軟體執行的嫻熟，讓我從古老的羊皮紙謄寫轉移到能夠闡明的狀態。最重要的是，他對於仁波切的虔敬，對我產生了激勵作用，使《大手印暨觀音儀軌修法》能夠成書。邁可‧英格曼慷慨地提供了許多必要的技術協助；彼得‧英格曼進行了文章分類和資料編輯的艱苦工作，並提供索引的架構；還有許多人在文法和適當的措辭方面提供協助。與其點出幾個人名，不如感激他們讓這個教法宏揚於世的貢獻。

　　無疑的，這本書無法彰顯尊貴的卡盧仁波切不倦的教誨於一二。在他將教法帶到西方、在他對一切未覺眾生開啟慈悲智慧之門、在他給予跟隨他教法的無數眾生勇氣之時，他不斷示現菩薩的願力，無怨無悔的帶給與他有緣的人立即而持久的利益，不論遠近，這已經充分顯示了他真正而持續關心一切有情眾生的福祉。

　　當我開始著手編輯這本書，想幫助把這位偉大導師對於覺性的洞見傳揚給廣大群眾時，卡盧仁波切仍然繼續他的行程，包括到世界各地的中心處理行政和弘法事宜，並主持三年三個月的閉關活動。幾年之後，當我還埋首在此書的草稿時，我從泰錫度仁波切那兒得知卡盧仁波切往生的消息——他是在一九八九年五月的某個下午，在他的索那達寺於禪定中安詳離世。兩個星期後，我收到卡盧仁波切的秘書邀請我參加仁波切荼毗大典的信函。在這封公開信中，附上一封泰錫度仁波切所寫關於卡盧仁波切的行儀，收在附錄 A。

　　我祈願這本書所付出的努力，能讓你們眞正了悟卡盧仁波切最熱切的願望：「願爲了如母、無盡虛空的一切眾生而成佛！」

伊莉莎白・席蘭迪雅（**Elizabeth Salandia**）

一九九二年三月十六日

譯者序
在大手印中當下解脫

　　釋迦牟尼佛說法四十九年，主要目的就是滅除人們的煩惱。
經過二千五百年的演進，佛教大致分爲三乘——小乘、大乘、
金剛乘，針對不同根器的衆生，分爲三種對治煩惱的方法，最後
的結果都是爲了解脫輪迴痛苦。佛陀所教示的八萬四千法門，其
精要可以歸結爲三個字——不執著。

　　但是要眞正做到不執著不是那麼容易，首先要對煩惱的本質
有所了解，其次要對人的本質有所了解，最後要對萬法的實相有
所了解。上根者在了解眞相之後就放下了，就好比人們看到草繩
以爲是蛇一樣，產生錯覺而感到驚恐，等到了解眞相之後，就不
再害怕了。

　　人們之所以在輪迴之中生死流轉，就是因爲把草繩當蛇，
所以產生種種憂悲苦惱，一旦看清楚原來只是草繩，就進入涅槃
了。小乘的教法要我們遠離輪迴，大乘的教法要我們到涅槃的彼
岸，金剛乘的教法告訴我們輪迴和涅槃其實是一樣的。

　　三乘的法教沒有優劣，主要是針對不同根器的衆生。金剛乘
有許多猛利的教法，其中大手印和大圓滿就是金剛乘中極上乘的
法教，它直探本源、直指心性，在了知心的本質以後，只要安住
在本來清淨、自在、光明、無礙的覺性之中，無須整治、無須造
作，即可任運自然，上與諸佛同一慈力，下與衆生同一悲仰。

　　大手印主要是噶舉傳承的教法，它的直接傳承源自法身佛陀

金剛總持，印度大成就者帝洛巴從金剛總持處接受金剛乘法教，再傳給那洛巴，接著由大譯師馬爾巴求法後帶回西藏，傳給密勒日巴，再傳給岡波巴。大手印傳承到岡波巴手中之後，結合密續傳承以及阿底峽的法教，將大手印分為三種不同的傳承：經部大手印、密續部大手印和心髓大手印。

大手印的實修有根、道、果三個層次。根大手印是指透過經典或指導，了解心的本質和諸法的根本樣態，心的本質就是空性、清淨、無礙的覺性。了知心的本質之後，知道諸法的生滅都是從自心生起進而息滅；所有的喜樂和煩惱情緒都是從自心中生起，如此則能愛憎平懷、觀世法如夢如幻。

但是要堅固這項了知必須經過實修階段，即是道大手印。在噶舉傳承中，通常要修加行、正行和結行。加行就是四共加行、四不共加行、四特殊加行。正行則是修止觀，止包括有相與無相的攝心、九住心法；觀則是觀照心的本質。結行包括增勝法、除障法和道行法。道行法就是著名的大手印四瑜伽：專一、離戲、一味、無修，每一瑜伽又分為小、中、大三等，到無修的高階瑜伽時已經達到十一地佛果位了。此時就是現前證果的果大手印。大手印雖然直指心性，看似頓悟，仍有漸修的次第。如同所有金剛乘的法教，大手印一樣強調菩提心和慈悲心。

第一世卡盧仁波切為香巴噶舉傳承的持有者，被喻為二十世紀藏傳佛教偉大的成就者之一，他曾經傳授噶瑪噶舉四大法子完整的法教及灌頂，包括噶瑪岡倉修持傳承的那諾六法，大手印以及香巴傳承五部金法之圓滿灌頂、口傳及講解。本書為第一世卡

盧仁波切的法語彙集，在本書中，他循序漸進的從因果業力談到三乘法教的修持，逐步進入金剛乘以及大手印的世界。仁波切往來世界各地弘法，經常傳授觀音法門，本書附錄有大悲觀世音菩薩完整的修持儀軌，這是他無量悲心的示現。

本書仍有一個中心教法貫串，就是談論心的本質，其實就是在開示根大手印，這是大手印的基礎，也是解脫煩惱痛苦的究竟法門。六道的一切顯像都是虛幻不實的，就如同我們睡覺時作夢一樣，其實睡夢身、中陰身乃至現前的肉體身，都是因為心的造作，我們卻執假以為真，一旦看穿了這不過是草繩而誤以為蛇的把戲之後，痛苦當下就息止了。

蓮花生大士在《無染覺性直觀解脫之道》中開示，「本覺的要點有三：清除過去之念，不留纖毫痕跡；向未來之念開展，不受他境所染；安住當下心境，不修整造作。如此無思無念的觀照自心。」他說，「外境本身並無過錯，因為執著才成障礙；你若了知那執著外相的念頭，就是自性，此念當下解脫。」這就是大手印。

願有緣看到此書的人能了知世法如鏡中影、水中月、空中虹，一切都只是自心的化現，進而能無思無念、不修不整的安住在清淨圓滿的覺性中，當下解脫。

陳琴富

二○○八年五月六日

介紹

　　我很高興能夠和各位分享佛陀的法教。你們對於這些教法的興趣，正顯示你們在過去生中累積了很大的福德，如今在此刻結果，這是吉祥的徵兆。這是美妙的，我在此祝福你們。我是一個八十四歲的老人，前面五十二年生活在完全與世隔絕的西藏，其中幾年我都在研習佛法並做金剛乘的閉關修行。離開西藏後，我旅遊世界各地，將這些教法的真理傳給已經準備好或能夠接受佛法的眾生。我歡迎你們，並祈願持續的法雨能夠降臨你們，讓你們在花了時間和精神後，能夠了解我所開示的內容。

　　幾世紀以來，佛法已經在西藏的雪域弘揚，所有的指導法要、修行傳統和隨之而來的證悟都廣為流傳，雖然這個法通常被稱為藏傳佛教，但它並不是一開始就起源於西藏，而是源自於釋迦牟尼佛。曾經貴為王子的釋迦牟尼佛，在北印度的菩提迦耶成道後，即成為歷史上的佛陀，透過他此生的行儀和在歷史性時刻大轉法輪，所有八萬四千法教得以流傳下來。這些法一開始在印度廣為傳揚，之後被博學的學者忠實地翻譯成藏文，他們都歷經極大的艱苦才獲得這些法。佛教在印度毀滅很久以後，這些譯經者使得佛法在高山環繞的西藏保存了下來。

　　藉著佛法得以在西藏忠實保存的加持力和功德，許多修行者證悟成為聖者或成就者。他們是如此眾多，以致被喻為如同天上的星星一樣。這種了悟心之本質的修行和成就，提升了佛法深奧的傳統。

在西藏，佛法包含了五項訓練，也就是一般所熟知的修行五明（譯者按：語文學的聲明、工藝學的工巧明、醫藥學的醫方明、論理學的因明、宗教學的內明）。這五明和非常重要的醫學、天文學、藝術等合併訓練，成為一整套的教學指導，因此在我們的傳統裡，除了佛陀的心靈法教之外，也加入這些豐富的素材。我在此所提到的五明是屬於修行的外支，以及許多西藏傳統針對這五明所呈現的不同形式。佛陀所傳授的基本法教包含了修行的內支。在五明中可細分為次要的五個部分，與天文學、辯經、詩作、語文、語言學和哲學整併，因此總共有十支：大要的和細部的，形成了西藏傳統教授佛教的法要。內在形式和外在形式兩者合併，也就是通稱的藏傳佛教。

而在西方，我注意到西方人在他們特殊的學院傳統裡，有非常好的教育和發展。我感覺一些我慢慢熟悉的西方外在傳統，和藏傳佛教所教授的五明傳統，不論在內容上還是步驟上都十分相似。在現代社會的圖書館和大學裡，開了許多不同的、實用的哲學課程，很多觀點與佛陀的教義不謀而合，而我則總覺得是相同的，就好像佛陀親自教導一樣。

佛法在西方已經逐漸建立，並開始了整合與適應的過程。亞洲國家在幾世紀前就已經進行了類似的適應過程。當我旅遊世界各地時，觀察了一些國家對於佛法的修行，像是日本、泰國、緬甸、斯里蘭卡等等，每個佛教社會都強調或聚焦於某項特別的法門，並且在他們的國家變得非常蓬勃而廣泛地被修行。例如，

21

日本的佛教傳統非常強調《般若波羅蜜多心經》，那是教導有關空性的本質。日本人根據他們的觀點，已經發展出自己的修行方法。中國和台灣的佛教徒則聚焦於淨土五經，主要是激起對阿彌陀佛的虔敬。雖然中文和日文經典的字與藏文不同，姑且不論語言的用法，單從修行與實用的意義看來，這些的法教都是一樣的。

　　我一再地看到西藏保存的佛法，以不同的形式傳遍全世界。我觀察到，尤其是基督教和回教傳統世界已經發展出一個完整的佛法風貌，並據以修行。我看到佛法以許多不同的形式在世界各地弘揚——不論是否被稱為佛法，都以不同的風貌被理解，透過修行而發展，這是多麼殊勝的事。我對這些傳統有非常大的信心，並視為佛法的昌盛。

　　你們之中對佛法有很大興趣和熱情的人，而且想要藉著禪修和觀想技巧見證法義的人，因為過去的善業，一定正在這麼做。由於你們過去生修行十善業的結果，已經創造了強而有力的善果，這從你們得到珍貴的人身和對佛法的興趣便可證明。在我的開示中，會一再重述此一主題，因為你們前世所帶來的習氣和這些善果的確是非常美好的。如同水流入河中再匯入大海一般，所有佛陀的法教流傳到全印度，並完整地保存在古老的大海之地——西藏。因此，在西藏研習和修行佛法的佛教徒是多麼幸運地能夠學習到完整的法教，所有佛陀親傳的法義之海，任何一個層面都沒有阻礙。所以，只要有興趣跟隨西藏喇嘛修行的人，將會了解整

個佛法的意義。藉著將佛法帶入修行中，你們很快就可以達到從痛苦輪迴中完全解脫的目標。

卡盧仁波切　　於洛杉磯

一九八八年十二月二十九日

1.

心的本質

三種心的投射

　　眾生不斷經歷內心投射現象的三種形式，他們相信這些反映是真實的。第一種投射的確很熟悉，稱為成熟報身，或是有形的實體，這不只是指肉身，還包括眾生轉生的世界。這個有形的實體世界讓我們經歷為整個環境（山河大地等等），稱為熟果。因為累積的業果成熟了，才導致這樣的經驗。

　　第二種投射是作夢時的睡夢身。作夢的時候，人們相信有一個身體確實在經歷著夢中狀態概念化的不同情節。這個睡夢身是因為不斷的、無止盡的相信有一個自我的結果，相信「我是」，而且不斷執著外相是不同於自我的東西，以致於我們就黏著在二元對立之中。睡夢身或是習氣身是內心化現的第二種形態。

　　第三種意生身，是在死後生起的。人們所熟悉的形式或業報身，是由五種元素（五大）所組成，並在死亡時逐一消融。最後，消解的殘餘再度消融進入根本意識，然後掉入一種無認知的遺忘狀態，這種狀態有如非常深沉的睡眠，通常約持續三天，之後意識復甦，並立刻投射出一系列的幻象。

　　這些心理的投射與一個人在夢中以及清醒狀態的情況很類似。這種投射是很不一樣的，外相瞬間呈現，立即生滅且非常迅速。而且，有一種脫離肉身的存在狀態在經驗著這些顯相，讓他相信這一切是真的。當然，這更助長了自他二元對立的習氣，使得死後的經驗更加複雜。由於心被帶入自他對立的誤信狀態，對於這些幻覺和迷妄的外相，會產生極大的恐懼和痛苦經驗。

　　由於這樣的誤解，在輪迴中，這三種身會不斷的化現。在臨終中陰時，也就是在死亡與轉生的間隔時間，這個習氣的誤解最終會迫使我們再度經歷轉生。但是中陰身就像是肉體身和睡夢身一樣，完全是幻覺，在絕對真理上完全不具基礎。當我們談到意生身時，推知也是這種執著自他的習氣所致。

　　這種錯誤投射的迷妄是痛苦的根源，必須從中解脫。釋迦牟尼佛和其他許多覺者都已經認知到心的本質，具有空性、無礙和清淨的特質。一切有情眾生，無一例外，都有相同的心，這是佛性的種子，一切眾生本自具足佛性。但是因為無明執著於自我，遮蔽了這個俱生本質。由於執著於自我，就會分別另一個他，因而陷入二元的習氣。這種二元分別會導致煩惱障和所知障，而這種執著以及所產生的障礙，就是輪迴與涅槃的差別。

　　根據佛陀的教法，導致我們無法真正解脫的障礙有四種。第一，如果沒有一個投射的呈現，我們便無法覺照到自己的面部表情；心也是一樣，由於根本無明無法直接覺照到心的本質，於是心也看不到自己。第二，透過此無明，心發展出分別自他的二元習氣。第三，當面對這些二元投射時，由於無法覺知無明以及習氣的力量，心的反應就成為情緒煩惱，製造迷惑、厭惡以及執著。第四，這個情緒煩惱呈現在身口意的反應便製造了累積的業，也就是又強化了無明的業果。

　　雖然心變得迷妄，但仍具有別的特質。在心空性、清淨和無礙的覺性中，有一個本初的智慧，這個俱生智和根本意識是不可分割、融合在一起的，是導致有情眾生的狀態。但有時候，如同

天氣可以在烏雲密佈的天空中打開一線讓陽光照射下來，本初智慧（佛性）有時也會穿透無明的遮障，在那一刻，不論是在哪一道的有情眾生，都會經驗到一些慈悲、信心和利他發心的感覺，這種感覺激發眾生行善，而這些善行會導致更高層次的轉生，將更有機會使佛法臻於成熟。

你們來此接觸這個教法，表示在過去生中已經累積了很多的善業，在這些生命中，你們的確對佛、法、僧三寶開展了信心，前世與佛法所建立的連結在今生成熟。因為你們是很自然地傾向於行善的人，而且對佛法有興趣，證明這是真的，這是很大的成就。這就是所謂「人身難得」的意思。人身是很特殊的生命形態，有很多特殊的條件，由於無明習氣的執著，人身是非常難以得到的，因此，藉著連續累積善業，你們可以得到珍貴的人身，而且經歷更高層次的轉生，這也鼓舞了佛法的興盛。有了這樣的機會，你們才得以從輪迴痛苦的大海中解脫，並回歸佛性的狀態。現在你們有這樣難得的機會，如果浪費或遺失了，都會令人遺憾。

得到珍貴人身的機會是非常稀罕的。這種稀罕經常用大海中的盲龜來比喻：盲龜每隔一百年才浮出海面一次。茫茫大海中漂浮著一根浮木，浮木上有一個小孔，人身難得正如海龜抬頭套入浮木的小孔一般。你們可能會懷疑，三惡道的眾生無法了解佛法，如何能轉生為人，又如何能從三惡道中解脫。因為他們無法聽聞法教，因此無法透過修行得到解脫，又如何能永遠不陷在惡道中呢？在稍後的章節中，我會逐步說明這個主題以讓你們充分

了解，但現在我還是簡短給個答案。雖然有情眾生歷經地獄、餓鬼、畜生道，都缺乏了解佛法的能力，但他們可以和說法的聲音形成連結，並與佛法形成一個明顯的連繫，這些事實的展示最後會導致他們轉生到較高層次的人道。而且，那些經歷三惡道的心會感受到一種善德的推力，在稍後的階段，將會成熟而轉生人道。至於身為一個人，就更有機會藉著功德轉生為珍貴的人身。

因此，透過你們的祈請和善行，是有可能帶給一切眾生利益的。你們可以透過與畜生道眾生的接觸而直接利益牠們，特別是那些與人類比較接近的動物，你們可以幫助牠們提升轉生到善趣。例如，假使你對一隻動物或一群動物說法，縱使在你跟牠們解釋的時候，牠們並不了解你在說些什麼，但這個行為的加持力仍將使得牠們在未來轉生的經歷中轉到善趣。你們也可以藉著對動物展示佛法的形象或在牠們耳邊念誦咒語，加速提升牠們進步。當然，藉著這些善行，你也累積了善業，幫助你在未來得到珍貴的人身。

經典中有一個美妙而簡單的記載。在我們賢劫釋迦牟尼佛之前的世代，也就是第三佛迦葉佛的時代，在那個偉大的時代，有一座佛塔被視為是佛教傳統的聖地，具有許多特殊的象徵意義。靠近佛塔旁有一棵樹，有七隻昆蟲懸掛在一根樹枝的一片樹葉上，突然間颳起一陣狂風，樹葉被吹落，帶著七隻小昆蟲飄在空中。當風帶著落葉和昆蟲繞著佛塔飄過幾次，昆蟲成就了累積轉生聖地的善功德，由於業的連結，七隻昆蟲在來世轉生天道。

過去世代還有一個例子。有一隻烏龜因為在一棵大樹下的泥

巴坑顛簸行過，想趁著早晨的陽光把身體弄乾。烏龜曬陽光的地點正好靠近佛塔的對面，而佛塔的基座上有個裂縫。由於烏龜渴望陽光的溫暖，所以每天都會以佛塔作為指引牠前進的地標，以走到有陽光的地方。因為烏龜的視力不是很好，地標很快就成為障礙物，促使牠靠著佛塔的基座擦掉身上的泥巴。隨著時間的過去，烏龜身上的泥巴慢慢地就把裂縫填補起來了。由於這個善行的功德，烏龜轉生到天道。這些並非設計來取悅聽眾的故事，全都是佛陀的教示，明載於佛經中。

一切有情眾生都有身、語、意，雖然我們認為三者都很重要，但身和語就像是意的僕人；進一步說，它們幾乎就是意的化現。因此，了知心的本質非常重要。讓我花點時間來闡釋身和語為什麼是意的僕人。如果我們的心起念要走，身體就會移動；如果心起念要留，身體就不會動。如果心想要與人愉悅的溝通，語言就會傳達出愉悅的聲音；如果心想要與人不愉快的溝通，語言就會直接反應這樣的心念。

為了利益一切眾生，釋迦牟尼佛教導了浩瀚的佛法，都是很深奧的。據說他這樣做的理由只是為了要讓眾生了悟心的本質，因此整個佛陀教法的集結號稱八萬四千法門，本質上就是要利益這顆心。

空性、清淨、無礙的覺性

現在我要依你們做一段禪修的經驗，說明什麼是心的本質。

一開始，完全捨棄過去之念以及未來之念，讓心放鬆，並且沒有任何的分心，只要幾分鐘，讓清淨成爲心最彰顯的特質。在這清淨之中，回想不近不遠的城市，像紐約或洛杉磯，用你的心眞正看到它們。心有一點像是眞實的，以非相互依存的特質存在，然而，在心能觀想遠處城市之前，心已經穿越了許多山脈、河流、平原等等。因爲心是空性的——非實存且相互依存的，因此能毫不費力地回想遠方的城市。

現在進一步以這些城市做例子，試著同時回想紐約和洛杉磯的景觀。如果心眞實存在，應該可以碰觸，而且是獨立存在的；然而爲了看到這兩個城市，心必須要走過這兩個城市——如果坐飛機要幾個小時，走路則要好幾個月。很幸運的，心的非實存本質（空性）讓我們能夠同時看到紐約和洛杉磯。

再進一步說明，想像一下整個天空或是太空是無窮無盡的。現在，讓心量放大如整個虛空一般，完全擁抱整個虛空、充滿整個虛空，讓心如此廣大。這種讓心與虛空混合不可分的能力，也是因爲心的空性本質。空性的意思是完全沒有任何足以形容的特徵，像是大小、形狀、顏色或位置等。天空是寬廣、無限的；虛空就像天空一樣，無邊無界、沒有限制。心，可以經驗自身與虛空一般不可分、不可區別。在禪修時，這樣的覺知是可以辨識的。

然而，是誰在辨識這個覺知？這個覺知是什麼？大小如何？是什麼顏色？你能描述這個覺知嗎？短暫思考一下。想像如果心是無形的與空性的，那麼我們可以推斷整個虛空、或這個房子的

空間、或任何存在的空間，都是心。但不是這樣的，因為空性固然是心，但心還有清淨。能夠回想紐約與洛杉磯景觀的能力，證明了心清淨的一面。如果沒有清淨或光明，就如同缺乏太陽、月亮、星星或任何的光一樣。但這也不是我們的情況，我們對於空性的體驗證明了光明與清淨。

如果心是空性、光明與清淨的，那麼，當太陽在天空中照耀時，虛空和太陽光就是心了。但這也不是我們的經驗，因為心不只是展現了空性和光明，它還有覺性和意識。當你在心中回想紐約的時候，覺性展現了認知能力，你知道，「這是紐約市」，這個確切的認知就是覺性或意識。再者，這個覺性和能夠知道心是空性清淨的覺性是一樣的。這個由心所定義為空性、清淨、覺性的結合，就是所謂的心。

雖然心的三個不可分割的特質已經以不同的方式標示出來，不管我們稱為什麼：意識、覺性、智性，然而心就是空性、清淨與覺性的結合。這就是體驗快樂的心，也是體驗痛苦的心；這也是生起念頭、觀照念頭的心，同時也是經驗一切現象的心。除此之外，沒有別的了。佛陀教示說，從無始劫以來，一切眾生歷經無數次的輪迴轉生，就是這個空性、清淨和覺性不斷地在感受這些轉生。這是真實不虛的。

直到開悟成佛，認知自心本性為止，這個空性、清淨、覺性的心仍會歷經輪迴轉生。在空性、清淨、覺性中，心是無實體的，這點毋庸置疑。這個真相可以很清楚的加以說明。例如，想一想，一個嬰兒被懷胎時，沒有人真正看到這個空性、清淨、無

礙的覺性進入子宮內，而現在卻成為一個人——沒有形象可以讓你看到或測量，以說明它的入胎。

　　現在，每個人都有心，但是我們找不到，無法說明心有一個特別的形狀、大小或位置。我們無法以這種方式找到或是定義心的理由，就是因為心沒有任何形狀、大小等特性。同樣地，當一個人死了，沒有人真正看到這個人的心識離開了他的身體。不管多少人，幾百人、幾千人或百萬人，以顯微鏡、望遠鏡或其他儀器檢視一個臨終者或是死亡者，都看不到任何東西離開死者的身體。他們無法說明遺體的心識跑到哪個方向去了，不能說「在上面那兒」，也不能說「在外面這兒」。這是因為心識沒有任何形狀。事實上，沒有人能夠看到別人在想什麼，就足以證明心是空性的。今晚有很多人聚集在此，燈光很亮，每個人都可以看得很清楚。在這個房間裡，每個人都想很多事情，雖然其中有很多紛亂的念頭，但是沒有人能夠看到其他人紛雜的思緒。

　　之所以看不到這個心的本質，就是因為心無形無相；之所以無法認知心，是由於無明的結果。這個無法認知導致我們不斷的輪迴轉生。佛陀說過，因為這個無法認知，有情眾生不只不認識心的本質，甚至不認識業的因果法則，以致繼續為來生製造並累積業因，完全無法覺知行為所帶來的後果。

　　如果你認知到心是空性、清淨、無礙的覺性，就會認知到自己的行為、累積的業，也是空性、清淨、無礙的覺性，那麼你經驗這個行為的結果，也是空性、清淨、無礙的覺性。此外，因導向果的方式也是依靠空性、清淨、無礙的覺性。如果你能夠看到

這個，而且完全了解，就達到了悟佛性的狀態。在這種狀態下，佛性完全超越過去行為的業熟，你將從一切的業報中解脫，而且這個解脫也是空性、清淨、無礙的覺性。

業的本質和心的究竟本質，基本上是一樣的。但是，有情眾生所認知和經驗的是無明的業因和業果；而佛陀所經驗的則沒有業果，因為他已完全超越了行為的因果。這就是為什麼成佛又稱為究竟解脫者。有情眾生的特性是受到無明的遮障，限制了他對於輪迴六道中其他道眾生的經驗，這樣會產生一個結果，就是許多人不相信有像是地獄道這樣的經驗，認為不可能有這麼一個痛苦的道存在。同時，這個不信也會延伸，以致對於餓鬼道或天道也同樣不相信。人們往往只相信人道和畜生道，因為他們能夠看得到這兩道的一切。然而，為了證明這個觀念的限制，我們不要只想到佛陀說的，其他的上師像是第三世大寶法王噶瑪巴，也一再強調六道的一切顯相都是虛幻不實的。我們想像一下夢境。作夢的時候，我們想像所有的一切都是真實的經驗，也能夠從表面上經驗到快樂和痛苦，夢中所有不同的情緒和經驗似乎跟真的一樣。在夢中，雖然我們相信這個經驗是完全真實且存在的，但顯然的，這個相信是個幻覺。因為夢境是無實體的，只是生起的心理投射，所以無論如何都不真實。當我們從夢中醒來時，就可以認知到此一事實。

把這個夢中的例子與六道輪迴的觀念作比較，有情眾生不斷經歷六道輪迴，轉生之後再轉生。不過，並不是所有六道都同時向其他五道顯相，如果他們不存在於當道便無效。在某種意義

上，他們存在是因為心的本質迷惑而轉生。由於無明和顛倒的束縛，有情眾生歷經六道輪迴，一生接著一生，相信這些幻象的經驗是真實的。不管這些幻象是多麼偉大，都不是究竟實存的，六道的顯相不過是心理的投射。從究竟真實的觀點來看，輪迴的六道完全無獨立自性。

釋迦牟尼佛在一首詩偈中問到：是誰在地獄中製造了熱鐵道路，不斷冒著火焰並熾燃著火？是有鐵匠在鋪設熱鐵道路嗎？或是有任何儲存的木材不斷的燃燒火焰？不，這是因為業果感應，是個人惡業的累積所致，是誤解的結果，緊執自他的幻象為實有。如果要避免繼續轉生的痛苦，我們必須修行並且認知到一個程度，了知心的本質是空性的、清淨的、無礙的覺性，然後才有可能了解並認知輪迴六道經驗的真相。如果不了解心的究竟本質，就很難抓住並了解這個實相，我們就只能繼續在這個幻象中痛苦煩惱。

一切有情眾生都有身、語、意，並愚蠢地執著這三者以為就是自我。如果一個人犯了惡行，透過身、語、意三門，將使得惡果報應在三惡道中；如果一個人做了善行，也是透過這三門讓他得以轉生於三善趣中。同時，透過身、語、意修行佛法，會讓他認知到身、語、意的覺悟本質——正是身、語、意三門讓我們束縛於輪迴之中，也是透過這三門覺悟而解脫。了知一切眾生的發展和經驗並不一樣，也不必然相似。佛陀教導全面的觀點，通稱為三乘，幫助眾生打開這三門以得解脫。

如果一個人想興建一棟三層樓房，必須從地面開始起造，然

後蓋第二層，接著蓋第三層，直到完成這棟建築。如果一個人想了解並實踐佛法的真義，可以利用三乘：小乘、大乘和金剛乘，藉著修習藏傳佛教的傳統，便可以調和運用這三乘。

三乘之中的小乘，是透過拒絕、捨棄和避免不正與錯誤的行為，來控制個人的行為和情緒。身的不正行為是殺戮、偷盜、惱害他人，尤其是邪淫；語的錯誤行為是妄語，以及引起不和諧的兩舌和綺語，一個人必須完全棄絕這樣的行為。拒絕從事任何惱害他人的行為，能夠幫助一個人維持止和觀的訓練，「止」是心的安定，「觀」是觀照心的本質，因此，整個小乘教法的原則就是捨棄所有惱害的行為，並維持在禪定狀態。

無疑的，你們已經看到許多西藏喇嘛穿著栗色和藏紅花色的僧袍，這和佛陀曾經穿過的類似，這些僧袍是已經接受過特殊戒律的象徵。在西藏，每一戶人家的家長都會尋求持守最低限度的戒律，稱為在家戒。家長依照環境以及自己想要持守的情況，可以持守三條、四條或五條戒律。基本的三個戒律是不殺生、不偷盜、不妄語。此外，一個人要禁絕會上癮的毒品，或是禁絕不正當的性行為。沙彌或沙彌尼要持守三十六條的戒律，包括五條在家戒。在這之上還有比丘與比丘尼戒，有幾百條的戒律。初學者或是完全受戒的人，都是依據小乘的教法而修行；一個人則是藉由穿著的僧袍來證明他所持守的是哪一種戒。

修行佛法必須以小乘為基礎（不管你是否持守別解脫戒要以小乘作為修行的依據），因為這是所有修行的根本。如果你選擇不剃度為比丘或比丘尼也很好，因為一個人成就佛道並不是依

靠僧袍，而是完全靠著捨棄十不善行，以及透過身、語、意行十善業，慢慢灌注善良和有益自他的行為而來。一個人會這樣做是因為了解業果，以及為什麼過一個善行的生活會比惡行的生活好。一個人積極用小乘作為外在的訓練，就等於是為他的房子蓋基礎。以蓋三層樓房為例，他已經完成第一層了。然而，即使要圓滿修行達到證悟佛性的地步，還有一段距離，他必須蓋第二層樓，在修行上就是大乘之道。

　　小乘清淨的基礎源自於完全捨棄所有惱害的行為，藉此基礎，行者開始走向大乘道，這是結合空性智慧與慈悲之道。讓我們再次思量空性的意義。一切有情眾生都有心，也都是以這顆心來認知的。所以，有人想：「我就是這個心」。有人想「我是」，於是就陷入種種喜歡或不喜歡的公式化中，對於不同現象產生厭惡或貪執。無論如何，雖然說是絕對的無我，但這顆心很容易就執著在自我上，認為某件事或某個人是真實不虛的。觀照心的真正本質，發現心沒有任何可形容的特徵，像是大小、形狀、顏色、位置等等，就是認知到心的本質是空性的。

　　小乘的修行較不強調對諸法空相的認知，而是只觀照到人無我。然而，只認知到人無我或心是空無自性的並不夠，我們必須認知到諸法空相的本質，這樣才算正式進入大乘。

　　《般若波羅蜜多心經》是佛法中教導空性的主要經典。基本上，這部經直截了當指出心是空性的：「無色、聲、香、味、觸、法。」在呈現諸法空相的教法上，這部經被認為是闡釋此一主題的核心。在許多教派中，這部經的觀念已經成為禪修的基

37

礎,特別是在日本的佛教。將強調的重點放在色、聲、香、味、觸、法的空性上,簡言之,所有感官外相都被認爲是空性的。這個了悟是透過看到心的本質而成就,心所經驗與認知的一切外相,事實上都是心的投射,也是心的戲論。因爲心是無自性的,這些投射當然也是空無自性。

《心經》主要的一句說:「色即是空,空即是色;色不異空,空不異色。」如果有人對你說:「無色、無聲、無香;沒有一件事是眞實的。」你可能不會相信,而會回答說你對這些感官的覺受有確切、眞實的體驗,你聽到聲音,也確實看到色相等。「空」這個字並不是指一無所有,而是指諸法無獨立的自性。在這個意義上,諸法被認爲是空性的。夢經常被拿來做例子。

在作夢的狀態,人可以創造出一個全部環境的完整經驗,也可以經歷到色、聲、香等等。夢境的顯示雖然很眞實,然而,無論如何,夢境卻不是眞實存在的,因爲當我們醒來時,所有的夢境都消失了。但是,作夢的時候卻相信夢境的眞實不虛。很明顯的,夢只是內心的反射。修行者的目標就是要認知到現實境相的經驗不過是心的投射而已,並沒有實存的自性。

我要提醒你們,這個教法的基礎來自於佛陀釋迦牟尼和第三世大寶法王嘉華噶瑪巴讓炯多傑(1284-1339),兩人都教導諸法無實,如夢如幻、如鏡中影、如空中彩虹。在看到諸相(不只是人的心和情緒)是光明的、無礙的樣態,我們知道一切外相也都是從自心生起,不過是內心的投射。

了悟色相的空性本質

　　大乘修行的基礎和小乘不同，行者不必修習捨棄、拒絕等等；取而代之的，大乘是以轉化自己的態度來面對行為。例如，在盛怒中生起想要傷害別人的心時，行者會立即生起慈悲心來對治，生氣的能量因此轉化為慈悲。他不必斬斷瞋心來處理煩惱，而是在俱生無實性的基礎上用慈悲來轉化。

　　由於無明，一切眾生認為所有經驗都是真實的，這樣的誤解使他們蒙受很大的痛苦。我們看到一切眾生都經歷了三身（果報身、習氣身、意生身）的虛幻化現，以致完全被閉鎖在這些幻象中。認知到這三身的習氣只是幻象，也就認知了空性。了知一個人的迷妄和習氣會導致痛苦，強烈的慈悲心就會生起。了悟空性稱為智慧；生起慈悲心稱為方便。認知這三類現象的空性，以及為這些迷妄的經驗開展慈悲心，就是大乘之道。此道的頂峰就是方便與智慧的結合。

　　獲得大慈悲與大智慧，行者就等於建構了第二層樓。完全證悟佛性還有一段遙遠的距離，因為他必須修行六波羅蜜（布施、持戒、安忍、精進、禪定、智慧）好幾世、好幾劫，慢慢而穩定的進步，經過十地菩薩的階段，直到最後成佛，這需要相當大的努力以及一段不可思議的時間。但修行大乘還是非常有益的，在成佛前的這一段時光，他可以利益廣大眾生，當然，也可以利己。但是唯一能夠快速成佛的道，就是修習金剛乘。

　　在金剛乘中，他可以進一步修行而不需要採取對治或轉化的

方法。重點是，他只需要認知到心的本質，藉由認知到行為和情緒等的本質，就能即時解脫。這就是為什麼金剛乘是如此快速而又最猛利的方法。我們究竟該如何運用這個認知之道呢？

首先，我們認知到這個身體是本尊身。本尊身是空性與外相的結合，認知到此身有如空中虹反映的清澈，有如水中月反映的無礙，有如鏡中影反映的無實。在此認知中，我們了悟色身的本質是空性的。

第二，我們要認知到所有的語言和聲音都是咒語之音。在聽到所有的聲音都是咒語時，我們了知到所有的聲音都空性無實，就像是回音。

第三，我們認知到心的所有想法、觀念、認識、覺知、情緒等等，就像是遠方閃爍的海市蜃樓，如同鹿認為那是水而想要去喝。我們認知到所有心意和認識猶如海市蜃樓般是空性的。如果我們了悟色身的空性、聲音的空性、意識的空性，那麼就完全從執著中解脫了。

這是金剛乘的基礎。如果我們與密勒日巴和其他許多行者一樣善用此道，就可以在此生得到成就。即使我們無法在此生證悟，但透過本尊的加持和咒語的力量，也能使我們在死後的中陰身得到解脫。這兩種情況之所以能獲得成就，是因為我們在修行中已經開展並建立了很好的習慣，也就是我們認知到諸法的究竟本質是空性的，一如色身、咒語、本尊三摩地的本質一樣。

這個習慣能很快的灌輸，使我們有能力了悟所有看得到的現象都如色身一般是空性的，所有的聲音都如咒語一樣是空性的，

所有層次的蘊亦如同因果一樣是俱生空性的。死後的中陰身，心是極為有力且有效的，藉著運用金剛乘的方法，我們可以立即成就甚深禪定而從六道輪迴的痛苦中解脫。我們能夠結束業的輪迴與轉生，同時掌握三乘的訣竅，隨意進出實體現象界。為了說明一位偉大上師示現以金剛乘的方法得成就，在此我要講一下有關密勒日巴的故事。

有一次，西藏的瑜伽聖者密勒日巴在孤立的岩洞中禪修，進入甚深禪定。一些非常飢餓的獵人由於沒有獵到任何食物，一路走到岩洞前，當他們進入岩洞看到一個削瘦的密勒日巴坐在那兒，有一點被嚇到地問道：「你是鬼還是人？」

密勒日巴安靜的回答：「我是人。」

「如果你是人，給我們一些東西吃。我們沒有獵到獵物，所以非常飢餓。」

「但是我沒有東西可以給你們。我沒有吃的東西，我只是坐在這兒，進入禪定。」密勒日巴回答說。

「胡說，你一定是把吃的東西藏起來了，快點給我們食物！」他們說。

由於獵人們非常飢餓，當密勒日巴再次告訴他們完全沒有東西可吃的時候，他們變得極為憤怒。獵人們決定折磨並虐待大瑜伽士密勒日巴。他們拿箭射向他，但當他們看到箭無法射中他時，不禁大為驚訝——有些箭直接向上偏斜，有些向左偏斜，有些向右偏斜，有些甚至直接回射向獵人。此時，獵人們更加激怒了，他們試著想推倒密勒日巴，並對他扔石頭想傷害他，但

密勒日巴竟漂浮了起來，像一張非常輕的紙片。當他們對他潑水時，水卻神奇的消失了。他們用盡所有辦法想把密勒日巴拋到河裡，他卻以飄在他們上空的方式來挫敗他們。不管獵人們想怎樣傷害密勒日巴，他都毫髮無傷。

這顯示密勒日巴了悟了色相的空性。獵人們無法傷害密勒日巴，是因為他的色身是空性的，他的語言和音調也是空性的。此外，在此事件中，獵人們經驗到密勒日巴的泰然自若，顯示他的業果已空。如果我們夠勤勉，並有智慧的運用金剛乘的方法，也可以藉此珍貴的人身了悟得解脫。

如果我們擁有珍貴的人身，讓我們了解心的本質；當了解到最高的層次時，結果就是了悟大手印。即使無法全然了悟所有的層面，單單只是了解心的本質也能讓我們禪修時安定而自在。事實上，即使沒有平均程度的了解，僅只是聽聞或知道一點有關心的本質，也會有很大的助益，讓我們能在世間法上運用，並利益許多眾生。

現在我們討論幾種不同了悟佛性的方法（乘），但最好的方法是能夠引導我們了解大手印的意義。如果能認知心的本質，就是佛了；如果無法認知，就還在顛倒，仍是眾生。雖然大手印的基礎很容易了解，但因為執著的障礙，要進入修行就變得很困難。由於無明，所知障引起煩惱情緒的生起，又因此而產生業行。這四種障礙的出現對於覺性的遮蔽，就像是烏雲出現在天空，阻擋了陽光照亮白晝一樣。

《喜金剛密續》中說眾生是佛，但是因為障礙使得他們無

法認知佛性。如果眾生能驅除這些障礙，就成佛了。有兩種方法可以做到，第一種方法包含了四種修行，在藏傳佛教中稱為四加行，包括皈依、大禮拜和金剛薩埵清淨咒、曼達供養、上師相應法。此外，這個方法聚焦於金剛乘生起次第和圓滿次第的觀修。另外一種方法是從小乘傳統發展出來的，主要牽涉到兩種不同的禪修方式：止或禪定，包括有所緣（有相）和無所緣（無相）；觀或默照，包括許多不同的途徑。這兩種方法都可以導致我們了悟大手印或是真正的解脫。

不管哪一種方法，運用止禪是非常重要的，英文翻譯為寧靜。在藏文中定義止禪的觀念，我們找到兩個詞：淨化和持久。這是指心對於煩惱的淨化，以及透過這個淨化，讓心能夠持久地安住在一境上。一般認為若沒有開發心的安止，我們便沒有辦法進行任何禪修。這就是為什麼止禪這麼重要。根據一項傳統，認為在修行四加行之前應先修止禪；但是另一項傳統卻認為，應該先修行四加行後再修止觀。這兩種觀點都是正確的，因為不管哪一種方式，都會導致相同的結果。

第一種傳統的效果在於，一開始先熟練或至少先經驗過安止，接著再著手修習四加行，這個程序讓我們能控制自己的心，以致禪修的所緣會非常清晰。另一個傳統認為，如果沒有透過淨化消除障礙、從四加行中累積福德智慧，我們便無法進入安止定。如果在四加行之後修習止禪，我們就能夠不費力而卓越的進入禪定。這兩種觀點都是正確的。

在介紹認知心的本質的這些方法中，鼓勵你們盡力去了解這

些觀念並在生活中運用，這是很有必要的。只知道一點有關心的本質，即使是在世間法的意義，對你們而言都有很大的受用。執著於自我為真的信念，強度愈大愈不容易禪修，你們可以藉此了解而進步。如果你們要讓心平衡並進入一境性，這種執著將會是阻礙。即使你想要生起對本尊清晰的觀想，這種執著也會遮障你的觀照。但是，如果你認知並看到心的本質是空性的、清淨的、無礙的覺性，那麼所有的禪修都會變得容易。

禪修暫停時刻，卡盧仁波切很有耐心地聽攝影者所提出的問題。
（謝拉・艾賓攝影）

2.

檢視阿賴耶與業

心的顯相與本質

全球有許多宗教與靈修傳統都假設有死亡以後的世界，並在這個基礎上形成許多教法。當然，如果心隨著身而死亡，那麼修行和弘揚這些教法就沒有意義了。不管這些宗教的特殊信條和道德禮儀爲何，關鍵都在於聲稱這樣的信念：我們今天所做的，會影響到死後的經驗。

的確，在佛教，心識的連續是很重要的觀點。心識不是某種在色身降生之後才隨之產生，也不是色身壞去之後隨之結束的東西。心識的連續，是從一個存在的狀態到另一個，每一個接續的狀態彼此都有很大的影響和一定的連結。在這種意義下，心的本質是空性的、清淨的、無礙的，我們一直經驗著，未來也一樣要經驗── 心是不滅的。未來一直要靠著心識，一如過去一樣，而且，此心會不間斷地經驗著不同狀態的痛苦和煩惱。這就是佛陀所稱的輪迴，從一個狀態經歷到另一個狀態。

在輪迴中，我們所一直經驗的是心的顯相，而不是心的本質。這種顯相源自顛倒或無明投射於色身和現象的經驗，並非恆常不變。心的投射是無常而不穩定的，這些投射一直變動不居、生生滅滅，隨時會被新的投射所取代。

對於你們之中非常渴望某些東西的人而言，了解心極爲重要。心的動態、空性、無礙光明的本質，不只包含了對外境的錯覺，也涵括解脫的可能。在這個空性、光明、清淨的本質下，心就是成佛的種子與最大潛能。這個俱生的特質，稱爲佛性。每一

個有情眾生與生俱來都具有佛性,因為這是心的本質,是真實不虛的,不論他轉生在哪一界、哪一個狀態、哪一種情境。雖然毫無疑問的,一切有情眾生皆有佛性,但心仍透過根本無明在表現,以各種形式產生或多或少的功德,或是透過身、口、意造下善業或惡業。

在心內或心外,心是「了不可得」,但本質上是空性,不能曲解為可觸知的或是有限制的東西。心不能被說成是在某一個點上生起,或是在另一個點上壞滅。心絕非以這樣的方式運作。心,過去一直在,未來還是在,因為心並不是在某一個點上被創造出來,或是在另一個點上被摧毀。心透過輪迴無窮盡的轉生成不同狀態,以各種不同的、特殊的方式持續自我表現。

只要此心還有根本無明,輪迴的根源就繼續存在。當心持續經歷自己的投射與妄念,一次又一次沒有終止的循環時,輪迴便無止盡。這顯示一個相當嚴酷的觀點,除非有解脫的辦法。一個有情眾生成佛的情況,並不意味著此一解脫應被理解為心的消失。心並不是在開悟的當下就終結了,而是心的迷惑結束了,不再是恆常經驗心的迷妄。開悟的心經歷了自身真正的本質,也就是佛性,因此完全沒有迷妄。事實上,我們說輪迴是可以終結的暫時狀態,唯一的理由是:消除根本無明是可能的。的確,輪迴就是經歷迷妄,一旦消除迷妄,輪迴也就切斷了;如果迷妄沒有消除,輪迴就停留在無止盡的過程,永遠不會耗盡。

在一個傳統教法中曾經簡短地總結整個業力的過程:「欲知前生事,今生受者是;欲知未來事,今生做者是。」意指所有轉

生的特殊狀態以及當下所受到的影響，都是由於前生所種下的因。而且，在未來世，心會經歷到的事，通常是受到現在身、口、意業的制約。過去、現在、未來的業行是連續的循環，一旦建立了，就會持續增強。

此刻，我們擁有身為人的共同特質，因為我們分享著轉生為人的集體經驗，這顯示有特殊的共業把我們帶到人道的特殊經驗上，而不是其他道的生命經驗，或是其他人道中無緣接觸佛法的情境。由於我們前世身、口、意業的善功德，而有了今生的果報，這種集體經驗是顯而易見的。然而，有一個事實我們必須考量：人類的經驗在人道中有很大的不同，這不是因為共業，而是別業所致。

例如，在人道中有些人早逝，經歷著貧窮，因無法變得富有而痛苦，不能達成目標，也深受疾病所苦。從業的層次來說，這些挫折都可以追溯到前世所造的惡業，也就是心所導致的惡行，例如殺了許多眾生，不論當時的情境是否複雜，這個行為都會產生業報，在未來以報應的方式再出現，譬如導致短命的報應，不管是生病還是在自然死亡之前被殺。又譬如前世偷或搶了很多財富，那麼來生則會經歷貧窮的果報。

基本上，業的法則說明了因緣果報，不論是善報還是惡報。在此生之外，我們可以追溯前生所造的善業或惡業，因為這直接導致今生的生命經驗。如果透過修習布施或愛惜生命等去開展善業，結果可能會導致長壽、健康、富有、有能力成功或達到目標的生命經驗。因此，當我們分享著人類的共同經驗時，在人道仍

保留了很多個人的特質，每個人都是不同於他人的個體。

　　由於不同的宗教傳統，許多人認為沒有前世或來生這樣的事。無可置疑的，他們會這樣認為，是因為前世與來生是不可見的，欠缺經驗根據做證明。所以他們不相信是完全可以理解的，因為不論過去或未來，現在都看不到。但是，經驗過去、現在和未來的心一樣是看不見的。假使業果傳遞著轉生的連續性，而且是從心發動並生起，那麼像心一樣難以捉摸也就不令人訝異了。不管前世和來生，即使在當下我們也無法看到自己的心。心不是我們能夠拿出來加以檢驗的東西，也不是可以固定住然後說：「這確實就是我的心。」我們缺乏這個能力，也沒有驗證前世和來生連續的潛能，這點也不令人訝異。因此，即使我們現在只能看到這個色身，對於曾經有過其他色身的空白記憶，也不令人驚訝。基本上，我們不論在哪一個時間點上所經驗的色身，都只是心的投射，從心生起，由心去經驗。

　　以兩個人為例，其中一人在睡覺，另一人則在觀察他。不管這個睡眠者的夢境多麼難以置信或複雜，另一個人是看不到的。觀察者無法看到睡夢者的經歷，因為這是無法感知的，不能藉由經驗被看到，也不可能以觀察者的觀點依經驗來檢證或其他感知能力來看到夢境。但這並不意味著作夢者沒有在作夢。對作夢者而言，夢境（雖然缺乏真實性）是全然有根據的。同樣地，任何想要以經驗來檢證業的過程，也都是徒勞無功。雖然夢境是從不可捉摸的意象生起，但並不表示因果法則無效。雖然肉體感官無法檢證業力法則，透過心靈內觀卻可以看到這個真理。當一個人

開悟後，可以直接了知因果，使他在轉生的過程中保持覺知。通常我們在信任某事之前，都會習慣去檢證此事的真假。在業果的實例中，即使缺乏經驗的檢證，也不應該視為是暗喻或是不存在的證明，而是我們必須有不急於在現在就能覺知到這一點的認知。

影響情緒的根源

之前我們談到心具有空性、清淨、無礙的本質，這是每個人天生具足的。由於心的顛倒妄想，使我們當下處於無法解脫的狀態。在這些妄念中的第一個，就是無法直接覺知心的本質。無法以清淨的覺知去經驗心的本質，我們的經驗反而充滿著顛倒，完全不知道覺性的基本層面。這個最細微、最基本層次的妄念，稱為無明或無知。

此一顛倒阻礙了我們對於心的直接體驗，心不去直接經驗「了不可得」，反而緊抓著自我。這個自我把事物當成究竟真實的主體，事實上，這不過是心的顛倒。以相同的態度，心的光明性也因為顛倒或僵固而被體驗為其他東西。這個主體，也就是顛倒或僵固的自我，被認為是究竟真實的，但事實上這是阻礙光明之心的烏雲。二元的分別因此發展，認知主體、客體和自、他在表面上個別獨立。在這樣的顛倒下，我們習慣性地強化了二元對立的架構。

由於心的無礙特質，情況更加複雜，以致覺性只有在某些特

定的方式下才會生起。在此二元架構下，如果主客體之間產生一種正面關係，我們通常稱這是主體對客體的著迷或執著，因此會賦予某種感覺，認為這是好的或這是吸引人的。當覺得某件事不好，或是主體視客體為具威脅性或排斥的，就會產生侵犯或厭惡的負面情緒。基本上，主體、客體以及引起的情緒反應都是心識的活動，是心在設想這個主體，也是心在設想這個客體，是心將兩者分別為二。雖然是心在貪著或厭惡，但卻不為人所感知，反而認為每件事都非常堅實，主體在這兒、客體在那兒、兩者之間的關係是分別而獨立的。我們相信主客體都存在於其內和其中，也相信兩者完全獨立於心外，這是因為心的根本無明所引起的妄念。貪、瞋、痴是有情眾生的三個主要情緒反應，是一切痛苦的根源。

從這些主要的妄念產生出次要產物，讓事情更加複雜。執著可以發展成貪婪和執取；無明可以發展出傲慢和誇大；厭惡會發展出羨慕和忌妒等，而且不會因此就終止，隨著這些根本情緒，會出現更多的擴展和支流，直到數以千計的情緒反應和情境。要指出這些心識與情緒顛倒的複雜性，經典上提到八萬四千煩惱。有關如何解決這些煩惱情緒，我們稍後會詳細解說。現在，讓我們繼續來看看影響情緒反應的根源。

因為人們都會有心理或情緒衝突，自然的就會以身、語、意的方式化為行動，透過這些行為，再次根據二元的妄見強化了業行，不論是善業還是惡業。通常人們容易傾向造惡業，因為行為多是出於業行強化之後的顛倒。任何公然的惡行，例如殺生或偷

53

盜，都會強化顛倒妄見，這些惡業的模式就會製造更多痛苦。這
是我在這次開示中一開始就談到的第四個層次的障礙。事實上，
我們所經歷的情況可以歸結為心顛倒的四個垢障：定障、所知
障、煩惱障、業障。

　　空性、清淨、無礙覺性的心識本質，在佛教傳統術語中稱
為阿賴耶識，意指所有經驗的起始或超越一切的本初覺識。以一
杯透明的、純淨的水作為比喻，水沒有任何的沉澱物或污染，扔
一把土或泥到水中並加以攪拌，直到泥土的粒子染污了水的透明
度。儘管水仍然在那兒，但是透明的純淨已經被隱藏或掩蓋了。
同樣的，我們在輪迴中的經驗就像是純淨的水被染污了一般，本
具的、常在的佛性被這四種障礙所遮蔽。這種遮蔽的情況也稱為
阿賴耶識。阿賴耶識不只是根本識或本初狀態的意識，也是有染
垢的意識。一般有情眾生通常會從迷妄的意識中生起所有的妄
念。

　　一方面，一個人具有清淨的阿賴耶識，這是心的本質、本初
覺性，如純淨的水；另一方面，一個人因現實的情況而有不清淨
的阿賴耶識，因為心遭到這四種垢障而成為顛倒與妄念的根源，
猶如不純淨的死水。此刻，我們是還沒有成佛的有情眾生，也就
是還在經歷清淨阿賴耶與不清淨阿賴耶的混合狀態。同時，輪迴
是俱生佛性但受到垢障，也是不清淨阿賴耶所導致的顛倒狀態或
是現象世界；涅槃則是無礙覺性，沒有顛倒或業報產生的因果。

　　了解此清淨與不清淨阿賴耶識的概念，是很重要的。用另
外一個比喻，心的本質極為清淨廣闊，如陽光照耀在無雲晴空。

然而天空總是會被雲霧所遮蓋，阻擋陽光在清朗的天空下直接照射，而且這些雲霧還會產生其他產物，像是閃電、打雷、冰雹、雨、雪，也都會遮蓋天空的清明廣闊。同樣的，心的這些層面的無明和妄念會導致所有錯覺，這些都是究竟上非實有的，然而尚未覺悟的眾生卻相信這些經歷乃真實不虛。因為這些迷妄遮障了清淨自性，導致有情眾生煩惱痛苦。在這種情況下，如同冰雹、雨，煩惱、痛苦、迷妄等經驗便是一種清淨阿賴耶與不清淨阿賴耶的混合結果。

佛法基本的修行是去除這四種無明垢障所引起的情緒煩惱等等，這樣一來，心的本來面目才會顯發。佛法的主要目標就是使心的本質顯現，讓直觀無所隱藏與限制，這就是所謂的成佛。成佛可以理解為徹底去除不清淨阿賴耶識的所有顛倒妄想，如此，原本具在的清淨阿賴耶識就可以完全被體驗。

檢視當下經驗的混合狀態，是十分有趣的。清淨阿賴耶與不清淨阿賴耶的混合，早已佔據了我們的感知意識。當清淨阿賴耶支配的時候，就會生起一個人正面的特質、態度和樣貌，以及信心、信任、慈悲、愛心和慷慨等善德。當清淨阿賴耶強烈呈現的時候，所有的態度都有助於靈性的發展。然而，當不清淨阿賴耶支配的時候，表現出來的只是對情緒迷妄的貪愛與厭惡，以及兩者的綜合併發症，所有在內心發展的情緒衝突也同時進行著。由於清淨阿賴耶與不清淨阿賴耶連續的相互影響，產生善業與惡業，接著又增強；這便是一個人會有善念或惡念、會行善或行惡的基本根源。

如果我們繼續探究這個主題並檢視善業的概念，將變得更複雜，因為有幾個不同的情況在進行。最重要的是，某些本質上的善業與善行只是藉著簡單的道德抉擇就會生起或強化。例如，決定永離殺生、偷盜、邪淫、妄語、兩舌、惡口、綺語、瞋恚、貪欲、邪見（十善業），都是簡單的道德抉擇。然而，這些抉擇是暫時的善德，是會竭盡的，藉著這些善業所累積的功德雖然令人愉快，不過卻不穩定，雖然如此，在短期間內仍非常有益。這個功德會使得眾生轉生到天道或人道，這是屬於六道輪迴中的善趣，但是這種轉生並不等同於任何解脫的究竟證悟，而只是提供一個轉生到比較舒適和愉快的暫時環境而已，讓你享有某些個人的自由。這樣的轉生並不是究竟的或是解脫。

另一方面，有一種透過三摩地所建立的善業。三摩地是很深的禪定狀態，或是專注在一種超越自然的經驗，兩者都會讓心產生特殊的狀態。三摩地有兩種不同的形態。一種是世間禪定，展示了無窮盡的本質，並不會太不穩定，也比較不容易中斷。這種三摩地被定義為世間禪定，因為它沒有從產生輪迴的意識中解脫。三摩地比只是行十善業要更有意義。

另一種三摩地是出世間禪定，是透過信心、慈悲與智慧的發心，經過很長時間的修持而達到的顛峰結果。這種進展顯示智慧可以深化達到心解脫的地步。這種出世間禪定是無窮盡的，因為它保留了一個穩定的元素，直到心開悟為止，也可以因此從輪迴中解脫。

為了檢視此善行、善念和善業的問題，我們必須考慮這三者

的區別：為了暫時性利益的實用階段；世間禪定的中級階段；導致解脫輪迴之出世間禪定的究竟階段。什麼是真正能使心完全解脫的出世間禪定？在這裡，我要提到止（心的安止）和觀（內觀心的本質）的修行。這個修行的極致，在密續中稱為大手印。大手印是有關對於心的本質和諸法究竟而直接的體驗，是從成熟安止、深化內觀開發出來的顛峰結果。大手印的主題比較冗長，我們稍後再討論。我們暫時只考量體驗解脫的覺知兩個極為重要的階段。

業習與業果

密續傳統，在更正式的傳承中認為有兩個階段。在梵文稱為生起次第和圓滿次第，意思是創造和發展階段，以及完成和圓滿階段。稍後我們會更深入的探討，現在你們只要知道，不管技巧如何運用，基本上，金剛乘禪修的教法是關注在出世間禪定的善行與善業。這項卓絕的特質建立了無窮無盡的安定元素，能把心帶向解脫輪迴的了悟狀態。

在檢視業的過程中，不管行為是正面的還是負面的、善的還是不善的，焦點是在業果。一旦業行被實踐，就確立了一個潛在的業果，在未來（不管多久）因緣具足時就會成熟，且具化成為一個人的經驗面貌之一。這主要是一種心理（意）的過程，因為色身（身）和語言（語）也只是心的代理人，代理心實踐行為和累積業果。根本上來說，這些意向是建立在意的層次，雖然它們

57

是透過身和語的行為。雖然結果也可能由身和語的層次經驗，但這些意向是儲存和潛在於意的層次。

舉例說明，把植物種子埋入土中，這些種子可能很長一段時間不會發芽，但只要因緣具足（例如溼度、溫度等），就會發芽終至開花結果。同樣的，實踐一項行為或類似的動作也會建立善惡傾向，潛藏在這個意識的根本狀態中，之後會顯露出來成為有意識的經驗。除非因緣具足，否則它們不會顯露。在因緣條件成熟下，這個潛藏的業習就會變成現實生活的經驗。

業的過程有一個顯著特徵，也就是絕無謬誤。不只是業果的確會發生，而且可以預言某種意向必然會產生某種經驗。一個善行不可能在未來產生惡果，一種惱害他人的行為也不可能在未來產生喜悅的經驗。

善行與不善行的區別在於其結果帶來快樂還是痛苦。這個過程非常簡單。善行產生呈現快樂的善果，帶來身心的安寧；不善行則產生呈現痛苦的惡果，會為身心帶來不安。所有善惡果的顯現，可能此生就受報，或是要好幾世。不論如何，因果不爽，是不會錯謬的。

我們舉一個例子來說明一個人個性中單一的、支配的業力或習性。如果一個人將財產、金錢、擁有的東西大方的送給別人，並不執著於自己的奢侈品，毫無疑問的，他會被認為是一個慷慨的人。但是在這種情況下，這種給予並不是特殊的利他行為，沒有靈性上的特質。基本上，布施具有良善的道德性質，也具有世俗的性質，所建立的業果還是會竭盡的。這並不是說布施沒有利

益，至少在暫時的層次上，布施的業報是轉生天道，在那裡所能享有的財富相對而言是遠勝於人道。

暫時轉生為天人，具有不可思議的享受、舒適和愉快的狀態，這是由於先前願意和別人分享財富的果報。因為這種世間的果報不是無窮盡的，聚合的福報很快就會用盡，所以通常會再經歷另一次轉生，轉到更低層次的道趣中。也許這個假設的人可能會轉生人道，在物質層面上繼續享有財富和舒適，但這個果報也會慢慢用盡，最後，其他業報會支配這個人的整個生命圖像。不管是在此生或來生，從一開始布施所得到的功德會用盡，改變隨之發生，這個人的整體經驗將反映其他潛在的業報，此刻業果再度生起。

另一方面，假設對於財富採取另一種相反的態度。現在假設這個人非常執著且被認為是貪婪、吝嗇的人，我們思考一下，假如他的財富都來自於搶奪或欺騙，同時仍繼續搶奪並靠這種錯誤的行為獲取財富，那麼，這樣的行為所建立的業果會導致失去與貧窮的經驗，會轉生到所謂的餓鬼道。餓鬼道眾生會有強烈的飢餓、難以抑制的口渴，以及被剝奪感，在此道中，這樣的經驗是痛苦的主要來源。即使當惡報已滿，心識能夠獲得較高層次的轉生，甚至可能轉生為人，但仍然會經歷貧窮、艱困和不足，有一種連續的失去感、強烈得不到的欠缺感。慢慢的，這種模式耗盡了，又會依據因緣的成熟，有其他的善報或惡報取代，引發生命經驗的再度改變。

然而，情況可以不一樣。當正確的發心出現時，在這項動

機之下表現的任何善行都會把心導向正確方向，不會偏離。假設這個人是慷慨的，而不只是一個不執著於財富（不管財富多寡）的人，就有神聖的元素在內了。如果這個發心是真正的慈悲和利他，就等於給了一個神聖的品質，這種布施會有無窮盡的善果，因為正確發心會讓每一個行為更加的穩定和有效。正確的發心不僅可以轉生到更高層次的道趣，對於進一步提升利他的特質和個人的證悟都有幫助。因此，當一個人根據清淨發心而行為，業行（透過身、語、意表現的行為）會反映這個人的利他態度。以這樣的方式，業不再是不間斷的或是使自身永久存在的，而是業的細緻透過利他和禪定而融入了清淨阿賴耶的本質中。

業的觀念以及因緣果報，是我們經驗的基礎，這是佛教的基本原理。在佛陀所教示的八萬四千法門中，最基本的就是對於因果法則的了解，這一點很重要，因為這說明了很多細節，一個人如何行為和經驗不會有錯誤的連結。但這個觀念並不是佛教徒獨一無二的，同時也是一神論宗教傳統的基本教義。業報的觀念在東方傳統尤其特別。

在一神論的傳統中，有一個根本的基礎作為道德的抉擇，但其架構卻與佛教不同，在這些傳統中是有神的。他們認為有一個至高的神或造物主，不管他們怎麼稱呼祂，每一個教條都必須符合祂的意志，不能違背。透過順從，一個人經驗造物主的恩寵與慈愛，這會導致人的本質向更高層次的生命狀態接近（佛教徒會稱轉生到這樣一個高層次的生命狀態是天道，其他宗教傳統則稱為天堂）。

相反的，如果一個人的行為違背了造物主或上帝的意旨，這個宗教就認為這樣的行為會招來不幸，如此，這個人的本質就會被迫轉生到更低下的層次，在那兒會增加他的痛苦、煩惱、顛倒。雖然這些宗教不認識佛陀的教法，但他們有一個正確的評價，就是每個人透過身、語、意所做的行為，都會產生正面或負面的因，並導致相對應正面或負面的果。據此，在有神論與無神論者之間所做的道德抉擇就會有很大的不同，但在堅持和確立道德所從事的行為卻很相似。這些宗教和佛教一樣，公認某些行為是有害的，某些行為則是有益的。

在身、語、意所發出的所有行為中，以意的行為至關重要。從一個人心靈成長的觀點來看，最嚴重的行為就是對於實相執持邪見與謬見，也就是在判斷上犯了基本錯誤或是拒絕實相的某些觀點，這是最嚴重的，因為一個人的知見會致使他的修行無效。質疑一個人是否有佛性，是很嚴重的錯誤。即使是質疑心的本質是空性、清淨、無礙的覺知，質疑人們是否可以了悟成佛，都一樣是嚴重的錯誤。為什麼呢？因為排斥這些觀念意味著他絕對沒有基礎去努力。如果一個人排斥開悟成佛的想法，就絕不會想要修行。如果沒有任何回報，為什麼他願意花精神去修行呢？

因此，成佛的潛能必須存在，讓人們可以去考慮修行，而不管修行是不是能成就。首先而且最重要的是，一個人必須深信自己有這個潛能，而且這是與生俱來的天性。再者，如果一個人誤解或拒絕因果的觀念，一定會透過誤導的行為影響到他的經驗和發展。這種誤解是判斷上的根本錯誤，會產生極為負面的後果。

以這樣的態度，修行不會受用，因為他沒有方法去實現成佛的潛能。沒有一個根本的論證作為發展的目標，修行就不知從何開始，也沒有步驟可循。這就是為什麼要思考心的究竟本質並檢視現實的因果關係，這對於引發清淨覺知、終止無明和痛苦是很根本的。

3.

皈依誓戒的解釋

後悔的利益

　　人間道的一切經驗和天道的喜悅、極樂，是無法比擬的。人間道中能想像得到最強烈的形式——性愛的大樂，在天道中只是很普通的經驗之一而已。但是，從修行的觀點來看，轉生人道要比轉生天道好多了，因為只有轉生人道才有可能超越輪迴而開悟成佛。

　　這並不是說每一個現今居住在人道的眾生都即將開悟成佛，一如他投生於人道般是自然的因果。的確，每個人都有成佛的潛能，這是事實，而且每個人都有一個心識作為努力的基礎。有些人一生並非完全從事正面的事，相對而言，有些人是邪惡的，且不幸的是，他們終其一生透過惡行來製造惡業，並說些今生能成佛是個笑話的誑語，認為那根本是不可能的事。他們浪費了這個人身難得的機會，因為他們的惡行只會更增長惡業，讓心識直接轉入更痛苦與顛倒的三惡道。

　　從修行的觀點，絕大多數的人都浪費了這個珍貴的機會，完全沒有有效的利用，既不了解靈性的開展，也全無修行，徒讓生命以最平庸的方式安靜的空過，沒有什麼很壞的事發生，但也沒有很好的事發生。尤其是從人身難得的觀點來看，只要把成佛當作目標，是有可能開悟的。

　　如同我們稍早討論的，一個人在輪迴中轉生於六道的經驗，是善業和惡業累積的結果；一個人的潛能，表面上也是受到過去業行所支配。當這個觀點被普遍接受時，人們可能變得不安、甚

至內疚或後悔。但這些感覺對修行有任何幫助嗎？事實上，後悔是非常必須而成熟的特質，因為能夠承認錯誤意味著他想做一些彌補。後悔是單純而健康的特質。然而，內疚有一種感覺，認為自己是一個有過失的人，或因為過失而想處罰自己，但是卻沒有做任何的彌補。內疚有一點無意義，對修行也沒有幫助，因為內疚感對於消除情況發生的原因沒有任何作用。

　　但是，在某些時候，後悔會在不需要的情況下生起，這時候會是個問題。例如，假設一個特殊情況，某人有一種想要分享或布施的感覺，因此便布施很多出去。如果他開始後悔了，就會說：「其實我不必這麼慷慨的，現在我就要沒錢了，我的確是做了一件蠢事。」這是一種情況：他已經毀壞了自己所做的好事。雖然接受者已經獲得布施的利益，但他已經把一個善行轉為不具任何功德，因為他對自己的善行後悔了。這是對於後悔的誤用。因此，你們看，一個人必須非常小心地運用後悔，即使後悔在修行層面上是十分健康且必要的特質，仍必須適當的運用。後悔可以發現不善行，意即具有去除不善行的潛力。如果不善行很堅固且難以扭轉，那麼這種情況是令人絕望的。但是，不善行可以淨化並去除，方法就是真正的懺悔，發心淨除。佛陀的生平中有一個故事可以說明這個適當後悔的意涵。

　　有個婦人住在印度，她有個兒子，並對他寄予很大的厚望。婦人希望兒子有個美好的婚姻，娶一個家族有崇高社會地位的女孩，還要有豐厚的嫁妝。這個母親像蒼鷹一樣緊盯著自己的兒子，確信他不會愛上一個她不認同的女孩。她是如此堅定的要為

兒子設計一場完美的婚姻，因此她操控著兒子每天的行事，密切注視他所有的交友情況。

然而，在某一個場合，兒子被一個來自低下階層家族的女孩所吸引。他和女孩可算是郎才女貌，很快就互相吸引了。一天，當他在街上碰到這個女孩，交談著他們的趣事，有一個人當街看到並跑去告訴他的母親。報告的情況大致像是這樣：「妳知道嗎？妳最好看緊妳的兒子，他遇到某某人，大家都知道她長什麼樣。妳不會想讓妳兒子和她相戀吧！」當天晚上兒子回到家，母親堅持要他睡在裡面的房間，那個房間沒有窗子，只有一扇門。她說：「今晚你哪兒都不能去！」她把門鎖起來後，就這麼睡在房門口了。

他晚上被母親看守著，白天又不能離開母親的視線，就這樣過了一陣子，後來透過中間人的幫忙，他得以安排和女友約會。如同往常，當晚他進入裡面的房間，母親把門閂上並睡在門口。過了一個時辰，他起床並輕敲門，說：「媽，我要上廁所，請開門。」母親驚醒過來，說：「待在房裡，我不想讓你出來！」但是他繼續堅持：「讓我出來……，開門！」母親仍堅定的拒絕，直到最後他把門撞壞。母親無畏地試圖阻擋他的去路，但此刻的他是如此憤怒，以致失手打死了母親。他對於所作所為感到震驚而心煩意亂，他已經犯了弒母的重罪，這是最嚴重的五逆罪之一。但是此時他唯一想到的事是到女友家，因為她正期待著他的到來。

當女友看到他時，對於他震驚的神情和哀傷的臉孔感到困

惑。她問道：「你為何這樣心煩？你看到我不快樂嗎？我做了什麼事得罪了你嗎？」

她的話讓他嚇了一跳。他很快的沉思了一下：「如果我告訴她真相，她會深受感動，將知道我有多麼在乎她，沒有任何事能夠阻擋我來跟她見面。如果我說謊或什麼都不說，當她知道真相後會心煩。不，我必須讓她知道我有多麼在乎她，我要告訴她真相。」他深呼吸了一下，聳了聳肩膀，回答道：「親愛的，我是如此迫切的想見妳，但是當我的母親不讓我離開時，我很心煩，在盛怒之下，我失手殺了她。真的，我感到震驚，很遺憾的失去了母親，但是沒有任何事能夠阻擋我對妳的愛。」

女孩聽了之後，驚駭不已，念頭迅速從心中流過。「我和一個什麼樣的怪物在一起？如果他跑了，又殺了他母親，他會對我怎樣呢？」女孩給他一個安心的擁抱，禮貌的請求讓她離開一下去廁所，並等她回來。於是他坐下來等她，一直等到天亮，才發現女友已經離開他了。此刻，他懊悔不已，整顆心完全被撕裂，不只是因為自己犯了無法想像的弒母重罪，同時也失去了女友，那是他的夢中情人。他不只因為這個行為造下了惡業，也失去了心愛的人。

他的心靈已經破碎了，帶著真正的懊悔去尋找心靈導師，最後跟隨佛陀的弟子舍利弗，受戒成為比丘，並接受禪修指導，開始依照舍利弗的教導修行。由於他的決心和後悔是真誠的，所以進步快速。他的進展主要是因為發心，而且情況越來越好。他並不想隱藏自己的過去，但在那之前，寺院裡並沒有人問及他的過

去。直到有一天，母親死去的傳言洩漏出來，他選擇誠實面對，便告訴一位比丘他在俗世的情況。當這位比丘聽到他弒母的事後，不禁大為震驚，質疑舍利弗怎麼會讓一個如此大逆不道的人住到寺院裡，並把這個消息告知所有的比丘，一傳十，十傳百，沒多久，這位有心悔改的人便被寺院排斥，最後被迫離開了。

他到一個遙遠沒人認識他的地方，成為一位導師。由於他得到一些證悟，對於法有很透徹的了解，所以吸引了很多弟子。他完全變了一個人，成為一位非常清淨而虔誠的修行者。他的許多弟子都證得阿羅漢果。阿羅漢雖然還沒有成佛，但這是證悟很高的境界。

在他接近生命盡頭的最後幾年，這位偉大的導師著手進行一個計畫，希望能讓曾經庇護他幾年的寺院溫暖起來。由於寺院座落在群山陰影之間，十分寒冷，使得比丘們修行備加艱辛。他知道在這樣的環境下要開發禪定是很困難的，便一心一意要為比丘們提供一個溫暖舒適的環境。他想在有生之年完成這項計畫，但是就在快完成之前，他往生了。

縱使他的修行已經十分得力，卻仍然無法完全成功地消除弒母所造下的惡業而轉生到地獄道。很幸運的，他只經歷了短暫強烈的熱惱地獄。有趣的是，有一次，他把在地獄受到的酷熱經驗與想讓寺院溫暖的期望相連結。在經歷地獄惡報後生起的第一個念頭是：「只比我想像的熱一點點。」此時，他的意生身感知到有一個地獄眾生走向他，並說：「你是什麼意思？為什麼熱惱地獄不會熱？」說完，並立即杖打他。經過他後半生的修行淨化，

以及在地獄的短暫受惱，弒母的惡業已經消除了，而身為比丘之後的善報浮現，這個善業使得他再度轉生，這次他轉生到天道。

這則故事的重點是，承認已經犯下的過錯、懺悔相關的行為、真誠的發心修行，真的可以改變因為惡行而產生的惡業。真心的懺悔對於成佛有很大的幫助。

如何彰顯眾生潛藏的佛性

回到人身難得的觀念，為了此身的珍貴，我們不只要把握機會修行，也要善用此一難得的機會。視人身難得的人不只會為教法所吸引，同時也會積極投入修行。透過研讀和實修，不僅認知到一個人具有成佛的潛能，而且也能運用以達到某種程度的證悟。當然，徹底的覺悟有賴個人的知見和修行。為了生起更好的發心以及善用此珍貴的人身，人們必須超越此生和現世來看。

例如，一個在世間法上很聰明的人，可能花一輩子的時間聚積大量財富，賺得數百萬平方英里的土地、擁有數億財產、數百個僕人供使喚。大家都會說：「多棒的一個人啊！有這樣的人生就足夠了。」從佛教的觀點，如果這個人可以活上一千萬年，積聚財富的努力或許還值得，但事實上，這個人只不過活幾十年而已，很快就要面對死亡，當他死時，心識就從富有的狀況移除了，任何的財富、土地或僕人都不可能帶往死亡之門。而且，獲得財富和操控權勢的過程，通常都是不道德的，也就是說，人處在這樣的位置，通常會做惡行、造惡業，助長顛倒和痛苦，當死

亡來到時，就會拖住亡者的心識往惡道轉生。所以，這個人真的這麼聰明、這麼善於運用他的一生嗎？

如果這個人將目標改為放在開悟或修心以便往後能夠成佛上，那會非常有益。或是，如果這個人已經充分開展勝義菩提心，透過修行而悟道，這會是更好的結果。從這個觀點來看，這樣做對一個人的一生或對難得的人身來說，真的是不可思議的事。

在密續中有說：「一切眾生都是佛。」但是如我們先前討論過的，不清淨阿賴耶的障礙阻擋了清淨阿賴耶的直觀，一旦附屬的障礙去除之後，這個潛能就呈現，也就開悟了，這時是成佛的直接體驗，而不只是具有潛藏的能力。一個尚未成佛的眾生，缺乏清淨阿賴耶的直觀經驗，一旦這個潛能顯露，我們就成佛了。佛教的整個核心，就在於將潛藏的佛性完全顯發。

為了發現佛性，透過修行佛法，西藏的佛教徒跟隨著一條殊勝的道路。第一步或是進入這條道路的入口，就是皈依，這意味著我們了解到：在當前的情況下，我們還沒有看到心的本質，並未完全解脫痛苦煩惱，沒有成佛的直接體悟。西藏人從梵文翻譯佛陀為桑傑，兩個音節大略翻譯為消除和開展之意，針對的概念是指當前的心是處於顛倒狀態，因而阻擋了直觀佛性的經驗。

如同我們先前討論的，有情眾生是被四種垢障所蒙蔽，受到根本無明、二元執著、情緒顛倒、業習所宰制，透過身體和語言的行為而強化，所有這些遮障阻擋了佛性的直接體驗。進一步說，佛或是覺者的境界是直觀，這是一般有情眾生當前欠缺的狀

態。修習心靈成長的道路，就是把這些障礙一層一層的移除，讓這個潛藏的佛性得以顯現。這種淨化將使得佛性完全彰顯，沒有任何的限制或遮障。

皈依的法益

修行佛法，首先是皈依佛，對釋迦牟尼達到成佛的境界有信心，對每個人都能達到與佛相同的境界也同樣具有信心。一個人皈依，就等於公開宣告他的修行目標是成佛。而達到成佛的狀態，他就自然而然會展現出無上的慈悲。從皈依本身而言，就是一個不可思議的加持力，但是能不能接收到這種加持力，端賴個人的特殊情況，尤其是我們對這種加持力是否具有信心？我們對於佛陀釋迦牟尼是否有信心？如果一個人具足了這樣的信心，就等於提供了一個開口和空間讓加持力能夠進來。

傳統的經典中談到，佛陀的慈悲心就好像一個鉤子，修行者的信心就像是一個環，讓鉤子能夠鉤住環，一旦兩者連結了，感受性強的皈依者就有可能經驗到兩者結合的法益。一個人接收到真正的加持後，便開始去開發圓滿的覺性。如果這個人還停留在不具足信心、封閉自心的情況下，表示這個環並沒有打開，他的心可以和鐵球相比擬，所以這個鉤子是無法與他連結的。要得到加持的唯一方法就是為這個鉤子提供一個開口，讓環能夠和鉤子連結起來。皈依時，就是在內心提供了一個開口與通道，諸佛的加持與慈悲自然就在那裡，可以感覺到。

71

　　當我們皈依佛陀釋迦牟尼，就附帶皈依了他的法教，也就是皈依法，並皈依了修行佛法的追隨者，也就是僧伽或僧團。這三個皈依的對象——佛、法、僧，稱爲三寶。一個人以虔敬心皈依三寶，代表了加持、激勵和修行的來源。一旦兩者連結且信心持續在此人內心增長，這個連結就持續有效。這種連結的法益不限於今生才受用，可以這麼說，皈依的人從佛陀那兒得到信心，並對自己潛藏的佛性有信心，從某個點上來說，已經保證未來成佛，因爲他們已經踏出了第一步。

　　成佛的過程可能會被認爲是來自於看不到的力量或是法則，但是，這並不是說一個人被引導到另一個地方，好像鉤子拉著環一樣；而是一個人達到了特殊的證悟狀態。在實用的層次上，這是一種受到指引以及找到庇護的感覺，是一種法益的來源，幫助行者克服並去除恐懼和痛苦，以及解決此生和來生心識會經驗到的問題。一旦此生與善業連結，此心即可守護以避免來生轉入惡道。這是一種被導向成爲一個清淨之人的感覺，從定義上說，就是成佛。

　　皈依之後，整個教法的資源都可以被行者所用。從此以後，一個上師授與法教時也會對弟子有信心。透過這樣的儀式，弟子證明自己是值得受教的，並視此教法爲利益和加持的來源。因此，皈依是讓自己更易於接近法教，或是說，讓法教更易於接近自己。

　　在三乘中，皈依的根本來源是三寶。但是，如果一個人想要修行金剛乘的話，就還要皈依三根本。一切加持的根本是上師；

一切成就的根本是本尊；一切事業的根本是護法。

　　給予皈依誓戒的人是上師。當一個人接受了皈依誓戒，觀想上師為諸佛菩薩所圍繞，十方三世諸佛菩薩都給予庇護。從世俗的觀點，他在根本上師面前頂禮並念誦誓戒；從勝義的觀點，他連結了諸佛菩薩的加持力和慈悲心。如果一個人在受戒之後能夠持守不犯，此生即可被保護而免於恐懼和痛苦。再者，遍及未來生直至成佛，他也可以受到保護而免於受到輪迴的恐懼與痛苦。

　　保持皈依誓戒完整無缺的根本，就是維持信心。這很容易做到：以愛、信心和虔敬，謹記三寶和三根本的大加持、大慈悲、大力量，只要每天念七遍皈依祈請文——這個重複的念誦一天花不到五分鐘，但是伴隨著祈請文卻有重大的利益。口誦清淨了語門的障礙；虔敬的態度清淨了心門的障礙。皈依祈請文有幾種不同的版本，有些長，有些短，但意義都是一樣的。通常我們鼓勵念四句的皈依文，但若初學者覺得不太好記的話，也可以簡單的念七遍以下的皈依文：「我皈依佛、皈依法、皈依僧，直到成佛。」

　　在西方，當一個弟子正式皈依噶舉傳承的上師，通常會給他一個法名。這項賜予，使得他在皈依這一天得到上師的加持而保留強烈的記憶；再者，法名在連結佛法上具有非常吉祥的意義和象徵。因此，整體地看待皈依的殊勝意義，可以清晰的看到，這個簡單的行為是一個人未來修行佛法的基礎，因此是非常重要的。

　　皈依不受年齡的限制，即使是很老、無行為能力的人，仍然能夠思考並斷定皈依是很有益的一步。但是一個年幼的小孩了

解皈依的意義嗎？由於一些特殊因素，在參加皈依儀式時，會給予某種特殊的加持。其中一個因素是父母帶孩子來參加皈依儀式是基於信心，他們希望孩子能接受到一些特殊的加持，並以虔敬心皈依，渴望能幫助孩子的心靈成長。再者，上師有特別的慈悲心想要幫助孩子，而這孩子具有佛性以及成佛的潛力，因此與上師連結可以獲得直接的利益。最後，在舉行皈依儀式時，有一種特殊的加持力，這種能量的傳遞，潛移默化地促進孩子的心靈成長。

　　但是，如果誤解了父母和上師對孩子未來心靈成長的關心，或是以為皈依給他們權威去傳播教法，或是把教法強加於那些年齡已經成熟但卻還沒有意願接受指導的人，那麼問題就發生了。由於這並不是在心靈上利益他們，以致於教法可能會引起很大的傷害，因為一個人越是抗拒不喜歡的觀念，就越是不願意聽，負面的反應也就越容易浮現。這個對法不感興趣的人，可能立即開始反駁自己所聽聞的一切，這樣一來，只會增長他的顛倒和無明。他們可能比以前更糟，或是處在心靈空虛的更嚴重狀態。

　　一個人在接受皈依誓戒後，行為並沒有受到限制，而且也沒有被禁止從事世俗的活動；況且，與他原有的信仰或靈修其他宗教傳統並沒有衝突。相反的，皈依之後可以保有自己選擇的信仰，與原信仰團體聯繫，這是完全適當的。只要確信三寶是加持與慈悲的來源，這個皈依誓戒就仍然完好無缺。如果任何時候，他放棄了對三寶的信心，也就終止了皈依誓戒。這個放棄會關閉利益之源，也就是說，鉤子和環脫離了。

從更究竟的觀點來看，不同的宗教與心靈傳統有相異的方法和步驟，但共同的目標則都是提供一些去除煩惱痛苦的辦法。佛陀說，他的弟子應該相信所有宗教與心靈傳統除了散播佛性之外，別無其他。在佛陀所宣說的八萬四千法門中，佛陀認知到眾生不同的需求，畢竟，我們都各自烙印著自己的業果。宗教和心靈傳統的不同表達，也都具有相同的傾向——他們為許多眾生的心靈成長提供了方便。

佛陀也說過，我們不要以宗教主義的偏見判斷其他心靈方法的對錯，也不要立刻否定。也許這些方法不適合所有的人，但並不意味著它對某些人就無效。藏傳佛教以快速成佛之道而知名，其他的道也許要花長一點的時間，但是目標都只有一個。因此，皈依是一個人對於解脫道全面具足信心的表達與儀式。

在此接受教法的同時，我會要求你們認真考慮一下皈依的問題。當機會來的時候，我勸你們應該皈依一位具格上師。再者，我祈請一切如母眾生能因為你們決定開始走向解脫道而獲益。現在請跟著我念皈依祈請文。

皈依發心

諸佛正法聖僧眾
直至菩提我皈依
以我修誦諸功德
為利眾生願成佛

　　讓我們迴向此功德，以利益一切眾生。願他們都能成佛，得
大解脫。

覺悟的皈依樹：釋迦牟尼佛原本並沒有肖像的描繪，直到第二世紀以前，當時只有四個象徵物代表他的生平與事業：菩提樹、法輪、佛塔、他的腳印。世尊在《天譬喻》中形容菩提樹是「我永久的依止」。在金剛乘中，菩提樹是觀想皈依境的枝幹，其分枝中充滿了傳承持有者、本尊、護法。（墨水畫，Diane Thygersen 提供）

4.

處理生起的情緒

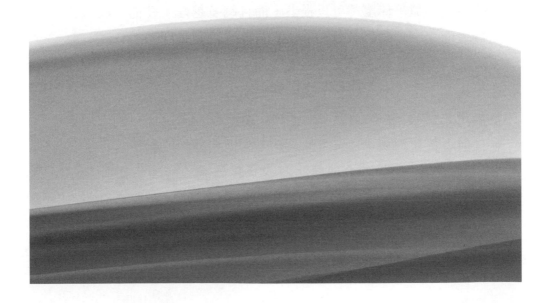

東西方文化對於情緒和貪欲的對治

我從小在偏遠荒涼的貧困鄉村長大，發現西方的生活水平和舒適程度，好得讓人難以置信。生長在這裡的人擁有美好的家園和舒適的照顧，幫助形塑他們的經驗，就像疏野的環境形塑我的經驗一樣。這種令人難以置信的生活水準，能全方位的控制環境（如中央空調系統等等），加上個人的財富以及普遍的享受，使得西方世界有如天界一般。外地人看到西方世界都會說：「那裡的人一定整天都笑口常開，一定很快樂。」但是近身觀察，我們發現，雖然西方人擁有一切現代化科技、小配件、奢侈品，但是強烈的精神苦惱仍會引發不可思議的痛苦。

為什麼會這樣？直接的觀察無法提供一個合理的解釋。顯然的，從物質的層面來看，每一樣東西都是必須的，透過這種高水準的生活，似乎什麼都可以提供，而且越多越好。然而，隱藏在這個表面之下，還是有很多情緒的苦惱，這便是問題所在。一般來說，西方的心靈主要是受到衝突性、混亂的情緒所影響，因而產生痛苦。這很令人驚訝！生活在物質豐富環境的人，不是應該很滿足才對嗎？在物質面上，西方人當然鮮少有不滿足的；但是在任何現代化的國家裡，生活仍然受著情緒煩惱的影響。

我們應該如何探究情緒問題呢？我們能不能完全擺脫呢？雖然這看來有點不切實際，但事實上，在佛法中，確實有許多方法和步驟能夠完全消除情緒問題，並透過不同的途徑加以克服。採用一種方法去切斷或阻止負面情緒不再生起，是十分適當的。

另一種方法則是將負面情緒的能量，轉化為正面情緒的能量。第三種方法，可能是最實用而直接的，就是當情緒在心中生起時，只是察覺情緒發生的本質。這種方法是看經驗的本質，而不特別去看它的內容。從所有情緒生起的開始和地方去了解心的本質，是這種方法的根本。因此，當每一種情緒生起時，我們若越了解心的本質，就越能夠了解情緒的問題，也就越能有效處理生起的煩惱。

　　為了檢視煩惱，我們從這裡開始將煩惱減少到根本的煩惱。佛教談到六種根本煩惱，或是更基本的，我們認為有三種內心的根本煩惱：貪、瞋、痴。在這個煩惱的描繪下，我們談論的是一般人的普遍現象。這種情緒不是任何種族、任何國家所擁有的專利，因為所有人類都是從這些不同情緒而引起了煩惱，例如，我們不會說西藏人比西方人有較少的情緒或煩惱；也不會說西藏人比西方人有更多的情緒和煩惱。如果把一個文化的情緒放在天秤的一個盤子上，另一個文化的情緒放在另一個盤子上，天秤只會稍稍擺盪、甚至平衡。每個人都有煩惱，但是，很明顯的，在不同的文化裡，情緒會以不同的方式表現。在任何文化中，一種情緒不管是被鼓勵或被壓抑，都會製造出一點點的差異，但是情緒的原料對每一個人都是共通的，且遍及全世界。生在人道的角色，就是要降伏三根本煩惱。

　　以文化層面來區別這些煩惱情緒的形式，是很有意思的。例如，無明的觀念被形容是心的呆滯情緒。睡眠雖然不像是情緒活動，但也算是心的情緒特質之一，因為人們睡覺時，心經驗會

81

呈現呆滯狀態。的確，人們的睡眠習慣是有一些不同。通常亞洲人大約在晚上八點鐘就寢，第二天五點鐘起床；西方人似乎習慣晚睡，通常到午夜才上床，第二天日上三竿還沒起床，有時候甚至睡到上午十點、十一點。在東方，我們習慣的睡覺情緒模式，可能和沒有廣泛使用電器及人工照明設備有密切關係。太陽下山後，大家就休息了；太陽升起時，大家就跟著起床了。在一個很表面的層次上，我們可以區別文化表達情緒傾向的不同模式，但是在不同的文化間，大部分的情緒並沒有不同，尤其是潛藏的情緒。

我們都因混亂的情緒困擾著心而痛苦。在瞋恨和侵略性的例子中，亞洲文化有一個普遍的傾向，就是喜歡發動侵略和戰爭行為，以證明自己的力量和男子氣概。身為一個戰士、武術專家、頌揚侵略的觀念，被認為是值得讚美的，這是東方普遍的文化底蘊。尤其在今天，西方人似乎比東方文化少一點這類問題。頌揚身體暴力或男子氣概的趨勢，在西方已是過時的觀念，但在東方文化中，這種態度至今仍是問題所在，人們依然熱衷以憤怒和身體暴力來表達生氣，喜歡以威力強加於人，在鬥爭中擊敗他人等等。從亞洲人的觀點來看，顯然西方文化對於壓抑侵略和瞋恨更有興趣，而不是去強化它，因為具有侵略性以及好鬥的人，在西方社會並不像亞洲地區那樣受到高度重視。

另一個根本煩惱的例子，也就是貪欲或執著，顯示東西方文化在對照之下正好相反。在亞洲國家，謙遜是被鼓勵的，但是對於貪欲、尤其是性欲的表達，卻存在著社會制約。一般來說，

東方文化要比西方文化謙遜許多，對於性欲雖然沒有真正的罪惡感，但是卻存有羞恥心且對於性事感到矯情，因此人們通常不太會公開表達性的慾念。這比較容易對性表現忠誠，因為從普遍的文化層面來看，一旦被貼上對婚姻伴侶不忠實的標籤，將會有強烈的羞愧感。在像西藏這樣的國家，婚姻關係是相當穩定的，即便婚姻的一方離家經年（有時候男子因為到另一個國家或是西藏另一個地區從事貿易而遠行，或是妻子回到很遠的娘家），妻子和丈夫在分開時就必須過單身的生活，這對婚姻承諾製造了相當的穩定感，即使只是因為他們羞於想到其他的事。但羞於表達不代表他們沒有性欲，而性也並非沒有引起什麼問題。人們的確經驗過性欲，也從中得到痛苦，但由於社會的制約，所以幾乎不鼓勵自由表達。事實上，社會文化並不支持通姦的行為。西藏社會的約束，只允許經由少數途徑來表達性欲，而且並不強調性欲的重要。

此外，亞洲國家有一個非常強大的寺院傳統，包括西藏，促使很多人持守獨身戒和不邪淫戒，而這樣的生活方式在當地的文化備受高度的敬重，被舉為理想角色的典範。尤其是在西藏，比丘和比丘尼發展出一個實踐簡樸寺院生活的堅定意願，很少會有羞愧感。文化道德規範著如果比丘或比丘尼破戒或捨戒，將會使家族蒙羞。事實上，在西藏，家中若有兒子或女兒受戒，通常會聽到父母講這樣的話：「寧可讓我的孩子死了，也不要他破戒；如果破了戒，活著就太羞恥了！」這種態度並沒有在西方出現。相較之下，西方社會更鼓勵人們對於性以及個人欲望加以表達。

83

西方的許多法律，聚焦於控制侵害他人權益，以及約束透過侵犯和瞋恨所犯的行為上。另一方面，貪欲並不是那麼廣泛的立法，而是保留了一些這個社會不只是忍受，並且公開鼓勵的東西。在西方，人們被鼓勵生起各種欲望，並全力釋放出這種欲望的愉悅感。即使是在一神論的傳統下遵守嚴格生活的人們，許多人還是沉迷於滿足廣泛的欲望。

在當前西方世界的文化氛圍下，欲望的表達允許積極鼓勵、刺激情緒，這被視為是健康的。如果一個人有欲望，通常會被鼓勵去加以滿足；如果一個人有情緒，也會被鼓勵去發洩。通常這被視為是健康的，但事實上，依照業的法則，這種方式往往使貪欲和執著不相稱的擴大。就欲望本身而言，它是傷害最小的情緒之一，而讓欲望生起才是真正的問題，是所有其他的、更複雜情緒狀態的滋生源。不論是性欲還是任何貪欲，欲望的生起和釋放都會帶來其他的東西──貪心、嫉妒、瞋恨、爭論、羨慕等等問題都來了。

認識心的空性

在提出對治煩惱的不同方法上，釋迦牟尼佛教導了三乘的法教。小乘強調捨棄或拒絕某些會產生痛苦煩惱的情緒。這個道強調修行個人的生活方式，是由比丘、比丘尼、沙彌和在家眾接受不同層次的戒律而形成。這種特殊的生活方式，只允許在生活中從事某些活動，其他的則必須透過拒絕和捨棄加以斬斷，因為這

些活動被認爲是輪迴痛苦的來源。小乘的觀念是避開一些生活中不需要的、起反作用的部分：終止會累積惡業的行爲。在許多東方國家，由於生活步調比較緩慢，離完全現代化還有一段遙遠的距離，所以比較適合走小乘的道路，而目前也還在修行。但對大多數西方人，這種方法或許太過嚴格，因爲以現代的生活方式來看，想要終止被認爲是社會規範內的事，並不容易。若想致力於如此嚴格的標準來形塑個人的道德卻沒有社會強烈的支持，這樣做並不可行。

佛陀所提出的第二條道路是大乘。這個方法是將負面情緒的能量，轉化爲正面能量。例如，一個極度憤怒的人持續不斷地生起怨惱、瞋恨、侵略的情緒，大乘的方法會鼓勵這個人去禪修，以引導負面的情緒，開展出善心、慈悲心以及對他人慈愛。不管情緒如何，適當的運用禪修，都能讓情緒改變或轉化所呈現的方式。當然，這個方法相當複雜，並不是最實際且能快速解決情緒問題的方式，而是需要花費時間和精力。

佛陀還給了另外一個選擇，就是金剛乘。這種密續的方法是尋找情緒的根源，而不去理會表面的情況。在尋找根源、直接觀照煩惱本質時，情緒經驗一生起，煩惱也同時解脫。金剛乘是非常直接的道，但同時也非常深奧。在實用的層面上，這種方法是如此的基本，以致很難解說。爲了利益普遍的大眾，必須發展出一套淺顯的密續方法，讓大眾能夠了解這個方法真正深奧的本質。

我們還遺漏了什麼嗎？我們已經談過了三個基本的選擇，還

有一種方法可以嘗試，但這種方法與深觀煩惱的本質並不是那麼相關，而是透過了解心的本質，我們可以自動了解到從心中生起的念頭、情緒等等；透過檢視念頭、情緒力量的生起，我們可以了解它的本質。在短暫的生命中想要達到最大的利益，這種方法似乎合理。此外，這是一種非常方便的方法，容易解釋，也容易了解，適當的加以運用，這種方法擁有驚人的效力。這不需要很長時間的學習過程或是過著有戒律的生活，也不需要任何深奧的洞見。當然，這需要聰明才智並了解這個方法所說的一切。

　　根本的問題在於我們相信一切都是真實的，因此每件事我們都如此對待——「我是真實而堅固的；我的身體是真實而堅固的；我感覺到的所有情緒都是真實而堅固的。」由於耽溺於這個信念，我們除了釋放出情緒並接受結果，別無選擇，只能任由情緒擺佈。我們經驗過貪執、厭惡、生氣、愚蠢、欲望、嫉妒等情緒生起的情況，面對這些主觀的現象時，它們是如此真實，以致於我們只好自動投降。我們以這麼有效而真實的態度投入整個概念中，因而無法認知這些特質是虛妄不實的。我們覺得：「好吧，別無選擇了，因為只要我轉到任何地方，每件事都如此真實，我能怎麼辦呢？」因此只好釋出我們的妄念，任由這些心的投射所擺佈。

　　到底發生了什麼事？身為人，我們經驗心和身，藉著身心的結合而作用。我們有一個身體的形式，透過身體而有心的體驗，身和心兩者之間有一個強烈而細微的連結。當我們經驗一種情緒時，它是從哪裡來的？真的和身體有任何關連嗎？假設我們生氣

了，基於生氣，我們可能對某人大呼小叫，也可能痛打某人，甚至殺了他們。但是身體的行動是因為我們已經有了心理的動機才發生，身體的行為只是情緒發展與表現的途徑或管道。如果我們認為情緒只是單純身體的表現，那可能需要去看一下屍體——一個人的身脫離了他的心之後，一旦沒有身體的形式，心要到哪裡去表達情緒？很顯然，屍體是無感情的，因為心不再用身體來引導它的情緒，不能再繼續表達憤怒或任何情緒，心不再擁有往昔的完整性，以致無法透過身體來表達。

　　明瞭這一點，給了我們更多的洞見，讓人們了解，一個人不需要屈服於情緒，或當情緒生起時便投降。為什麼？因為從究竟上來說，除了心海表面上的情緒波浪之外，什麼事也沒有發生。心是如此的流動、柔軟，以致這些情緒可以任意的運作。心是空性的、無實性的，我們無法將任何有限的特性加諸於心之上。唯一能夠描述的是，把心比喻為本質上是空性的。但是這還不夠，我們也知道心具有光明的潛能以及無礙的動態的覺性。這並非說空性是空無一物而現象是堅實的，因為佛性的展現就向彩虹一樣——彩虹作為顏色的整個光譜，非常明顯而清晰，但卻不是堅實的。你可以伸手穿過彩虹。這是一個外相在本質上是空性的例子，提供給我們一個觀念：所有看似完美以及清晰呈現的現象，都缺乏明確的或究竟真實的來源。心的本質即類似這種情況，無形無相，呈現的是光明性和無礙的流動性。

　　當一種情緒生起時，到底發生了什麼？這空性、清淨、無礙、流動的覺性，就以特殊情緒的形式呈現，在生起而又隨即消

逝的片刻，對於情緒的表現無須歸因於任何的眞實，因爲情緒只是非常世俗性的，沒有究竟的、實質的、明確的眞實需要（或可以）歸因於它。這使得情況更容易運作，我們無須感覺自己完全被情緒擺佈。只有當默認情緒或是以虛假投入情緒之中時，我們才被迫釋出。這正是麻煩的開始，因爲釋出情緒是一個無止盡的過程。只要我們還樂意歸結情緒爲眞實，就會繼續認爲自身永久存在。就好像要用盡恆河或其他大河的水一般，然而水只會源源不絕地湧來。

如果我們允許欲望（或任何其他的情緒）自我表達，相對的，我們會發現欲望有多麼想表達，它是如此的無止盡，而情緒的無底洞可以使人花費無窮的時間讓它表現，那正是麻煩的開始，眞正的痛苦也正在其中。不管是什麼情緒浮現成爲經驗，還有更多的情緒和念頭在心中生起，這是空性無礙的化現。在究竟實相中，並沒有任何東西在那兒。如果有固定的或堅實的東西，你可以把它切碎，直到什麼都不剩。然而，因爲這只是無形無相、動態覺知的化現，只要你願意，就會源源不絕的出現。從這個觀點來看，問題不在於：「我需要捨棄情緒嗎？」「我必須停止再有這些情緒嗎？」反而變成是：「我要對這些情緒投降嗎？」「我要釋出這些感覺嗎？」

當一種情緒在心中生起且無須持續釋出所有的情緒時，回答這些問題，就可以免於在對錯之間做關鍵性的抉擇。當情緒在心中生起時，不管是什麼情緒，貪欲或是生氣，只要欣賞到底發生了什麼事就可以了。一個人經驗情緒，只是從心中生起的化現，

然後又消解回到心中。這種經驗變得更明顯了：情緒需要去展現的情況變少了。只有當一個人認為從心中生起的情緒有獨立的自性，那麼涉及煩惱的複雜問題才會產生。

　　情緒和散漫的念頭對你們而言並不新鮮，但是這些情緒並沒有安住在一個特別的地方，你無法儲存在碗櫥裡，隨著自己高興要拿出來還是放回去，因為情緒就是心的自身。心是無實性的，絕對沒有自性。由於過去你們都有情緒的和精神散漫的經驗，所以未來也會再生起。這些情緒並沒有被遺忘在某個抽屜裡，或去年搬家時遺失了，或甚至留在精神科醫師的診所裡。這些過程是你身為有情眾生的一部分。

　　我可以說，「情緒從心中生起，而心是空性的。」你們現在應該對這句話的意義有一點了解了，這樣的理解非常重要，因為這是真正了解的第一步。但還不夠，因為究竟的利益不會單獨來自於智性上的理解。這只是第一步而已。理解可以變得更深入、更直覺，而且應該更理想的貫徹到穩定的了悟或是直接的經驗上。當這種理解轉化成生活的和穩定的經驗之後，便進入第二步，只有那時候，才能夠感受到修行的真正利益，同時會增強行者的進展，使他獲得更進一步快樂與平靜的狀態。因此，為了讓討論變得有意義，深入了解心的空性是非常重要的，這必須從透過修行止觀和個人的體會開始。

處理生起的念頭和情緒

禪坐時保持正確直立的坐姿，便可以達到不必以任何方式去駕馭心的地步。一個人不必向內觀照，不必向外取緣，也不必以任何方法去駕馭心，只要放鬆地安住在自然的狀態。真實體驗心的本質，具有廣大、不可思議的特徵，我們名之為心的空性。心還具有清晰、透明的特質，這是心的光明性。我們會經歷這個空性與清淨的體驗，此一事實說明了有一個全然覺知的狀態，這是心的第三個特質 —— 無礙的、不受阻的、流動的覺性。

禪修時，除了保持正確姿勢並讓心自然放鬆之外，無須以任何方式強迫、壓抑、控制此心。相反的，要讓心簡單地經驗自己的真正本質，不要分心，也無須任何的技巧和設計，但是不能讓覺性的火花昏暗或忘失。這個經驗是心本身真正的體驗。雖然心的本質是廣大、不可思議、空性的，同時也展示了超凡的潛力，能了知一切事，但這個潛力無異於心的光明和清淨，同時與心的無礙覺性或直觀連結，具有全能的、超越的、全知的特質。注意心的這三種不同面向，事實上，我們能夠非常有效的描述心的特質，全然沒有不同。這三個不同特徵正是心的獨特經驗。

這個空性、清淨、無礙覺性的狀態是不會動搖的。我們現在來試驗一下。無疑的，你們都有情緒，有時也會有性的欲求。現在，想像你找到令你著迷的對象，很浪漫的或者很性感的，召喚這個人的影像到你心中，看看有什麼事會發生。當你這麼做時，看看你的心對這個影像的反應。回想心中的影像是受到過去曾經

發生事件的念頭所制約，心中已有某種傾向和習慣指引著我們思考的方式。想像一個非常迷人的對象，顯示這是普遍讓人滿足、愉快的經驗，慢慢開始發熱，感覺身和心都變得溫暖。在召喚影像的最初經驗時，這個對象被當作是情緒的來源，於是會生起一種特殊的欣喜。在練習的這個點上，我們停留、安住在最初反應的感覺，但不進一步耽溺、不詳細描繪、不建構任何東西，只住在空性、清淨、無礙覺性狀態中，經驗著最初幸福感生起時發熱的喜悅。

現在我們轉移重點。不再觀想迷人的對象，而是觀想一個你恨的人，或是恨你的人，或是和你關係非常不好的人。回想一下為什麼你會對那個人這麼生氣，但不要釋出整個憤怒情緒。在沉緬於其中之前，只要覺知當你回想這個帶有敵意的對象時，發生了什麼事——只要看著，並注意到當怒氣開始生起時的反應。

此處重要的是，不要理會經驗的情緒是什麼：欲望、生氣、驕傲、嫉妒、羨慕、貪婪，要注意的是發生了什麼。心以不同的方式表達自己，沒有任何的暗示要求我們認為這些情緒具有實質性，或有任何的確切性，或有任何的形式、形狀、大小、位置，或有任何的堅固性。心只是以不同的方式自我表現，前一刻不同於後一刻，如此而已。

如果我們不能認知到心的本質，就會繼續被情緒的衝突和散漫的念頭所迷亂，這將會是一個無止盡的情況。我在七〇年代初來到西方，停留在日內瓦期間遇到一位外國來的酋長，他有三十個老婆，聽說現在又更多了。很顯然的，在這麼廣泛的關係裡，

91

酋長必須面對許多衝突的情緒。當能夠認知到所有的衝突情緒都是從心中生起,我們就了解心是無實性的、是空性的。如果把情緒衝突的力量轉化成對於心的認知,他就可以過得非常平靜,不管一個人有多少太太或丈夫。

有一個例證發生在密勒日巴尊者以及他的弟子身上。這位弟子是一位年輕的女子帕登蓬,跟隨密勒日巴尊者學習禪修。根據《密勒日巴十萬歌集》,密勒日巴首先測試帕登蓬對於佛法的信心,在發覺她具足信心之後,才讓她皈依,接著才開始指導她禪修。「觀想天空,」密勒日巴尊者說,「觀想虛空,它超越了所有的限制,沒有中心、沒有周圍、沒有盡頭。觀想海洋是如此深廣,以致於表面、深入、盡頭的概念變得沒有意義。觀想你的心,觀想心的本質,如此則光明、不光明,清淨、不清淨的概念就變得無關緊要了。」

帕登蓬來自於富裕的家庭,一切都有僕人伺候。成為密勒日巴尊者的弟子,通常需具備一定的體能,但她的體能不夠。由於帕登蓬對於密勒日巴的虔敬是十分崇高的,於是她勇敢地斷絕了俗世生活,帶著密勒日巴尊者的教法,到巖洞禪修。之後她回來說明,對著密勒日巴尊者頂禮數次之後,說:「當我觀想天空的時候,很好,但是不久烏雲開始填滿天空並橫越其中。當我觀想大海的時候,很好,但是不久海浪開始覆蓋海面。當我開始觀想心的本質時,很好,但是不久念頭和情緒開始聚集。我需要一個方法,在我觀想天空、海洋和自心的時候,沒有這些問題。」

密勒日巴尊者以一首美妙的歌頌來回答,他教示道:「如果

你觀想天空或虛空，烏雲只是虛空的化現，它在虛空中；只要專注在虛空而不在它的化現。如果你觀想大海，波浪只是大海的化現；這也不是問題，只要覺知大海而不專注在波浪上。當你觀想心的本質，念頭和情緒生起，它們也只是心的化現；只要覺知你的心，而不要追逐化現的細節。」

受到密勒日巴尊者開示的鼓舞，帕登蓬繼續精進禪修。她往生的時候，升到空行母的天界，沒有捨棄她的身體，因為她已經能夠解決情緒和心理散漫的所有問題，透過了悟心的本質而超越了因緣果報。

這個方法十分有效，讓我們能夠處理有關心中生起的念頭和情緒。心產生念頭，在本質上是空性的，因此，念頭也是空性的，與心一樣無形無相。情緒也是一樣，意思是說，我們所經驗的情緒完全是無實性的、是不穩定的。沒有一件事是堅實的、可靠的或完全真確的，所有的事都變化無常，正因為這些化現是空性的，而且沒有獨立的自性，一切只是心的瞬間化現，當下顯現，但立刻消逝。我們總是看到這樣的徵相。

一個男子愛上一個女子，對她產生不可思議的著迷，直到她轉身投向另一個男人的懷抱。那時，所有的迷情變轉為憤怒和怨恨。很簡單，因為心的化現已經改變了。並不是說曾經一切都是真的，那就是迷情；或者曾經一切都是真的，那就是生氣。而是在某一時刻，內心的能量以一個特殊的方式呈現，而稍後又以另一個方式呈現。心能改變情緒的呈現，就好像風能改變天邊的雲一樣，快速而多變。以這種方式了解情緒的經驗，我們能夠了知

到根本無須去考慮它們有多重要。領會了此一情況，就無須考慮
情緒有多麼值得我們關注，以致於放棄心理平衡而交給情緒——
根本不值得這樣做！

我們可以繼續用這種方法來分析每一種經驗。當心中生起
東西時，不管是情緒還是念頭，分析發生了什麼事？當我們禪修
時，這種方法非常有效，尤其是與無染覺性直觀的方法結合時。
一方面，行者花一點時間在禪修上，有意識的分析經驗，並用這
種分析尋找情緒的源頭；另一方面，他用這種方法讓心安住在無
染的覺性狀態。我說過好幾次，這種空性、清淨、無礙覺性的不
造作狀態，就是心的本質。

透過這種方法，行者會發現，當經驗到一個非常強烈的貪愛
或瞋恨等情緒時，的確有一個東西在心中強烈的生起。這個方法
可以像探險的工具一樣，讓行者深觀經驗的本質。也許有些人可
以慢慢地了解心的本質，不讓這個特殊的呈現成為一個問題；也
許有些人會直接聚焦於貪愛、憤怒、傲慢等念頭，直接看穿這些
是什麼。這兩種情況的結果，都可能會得到更大的平靜，當心中
生起念頭或情緒時，都能夠深觀這到底是怎麼一回事。這種方法
的效果很大，就好像一滿杯的冷水猛然地注入一壺滾燙的開水，
燒滾便立即冷卻下來。在堅實的狀態下，情緒經驗會使人變得粗
重、庸俗、笨拙，有些人只因為一個情緒能量的宣洩就變得憤怒
或不快。人們可以開展出觀照的能力，以看清楚事件的真面目，
而不是事件的表相。這種方法能夠平靜執著的心，就像冷水冷卻
滾燙的開水一樣。

西方社會有許多博學的心理學家、心理分析師、精神病醫師等，聲稱讓情緒真正表達出來，便能夠平息這些情緒。他們認為這樣的表達可以減輕惱人的、不安的情緒干擾，免除一個人的不平衡。但是當我們深思心的真正本質時，這個觀點就顯然是錯誤的了，因為情緒也是無實性的，是從空性的心中生起，當我們無法認知心的真正本質時，情緒就會繼續生起。有些心理治療師鼓勵用一些不可能的態度和方法，意圖讓情緒釋放，直到耗盡。這種誤解就像是相信一條完整的河流以中斷的方式，讓它有足夠的時間流動一樣。

執著現實是真實不虛的，就如同患有嚴重的病痠一般。要治癒這種困境的對治方法，就是認知情緒的無實性以及其真正的空性。情緒的宣洩無法停止業果的流動，也無法成功阻止無明的流動，無明只會使我們看不清楚心的真正本質。執著自我是真實的、相信情緒衝突是真實的，強烈的程度甚至可能誇張到自殺的臨界點，導致情緒錯亂的結果。藉著認知心的本質是空性的，進而看到情緒衝突、散漫的念頭、心所變現的一切確實是虛幻而沒有自性的，就可以轉化我們持續的偏見，帶來立即的平靜。是空性的認知平靜並完全轉移了情緒衝突的力量和迷亂。

當我們以更溫和、坦率的方式面對情緒時，這個覺知的確可以轉化我們的生命態度、生活經驗和人際關係，使得生命得以進化，具有更為溫和、更和諧的特質。平衡的觀點以及均衡的表現，會產生平靜和精確。即使是在實用的層次上，一個人的個性發展和追求生命的態度都會改變。從這個角度來看，問題不在於

95

一個人是否有情緒，或是否必須捨棄某些情緒；而是，挑戰來自更徹底、更精確的了解情緒經驗的本質，這麼做，所產生的利益將十分受用，在幸福和平靜的感覺上會很明顯，我們也就可以承擔自己的人生了。

5.

死亡與臨終中陰
的法教

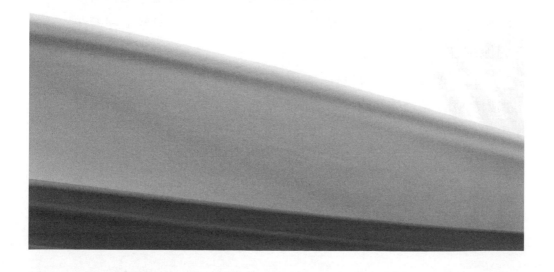

輪迴轉生的概念

轉生的概念是心無止盡地延續從一個經驗狀態轉到另外一個，從過去、現在到未來一再的轉生，是依靠心的本質不滅而轉動。談到六道輪迴，心乃是不斷的被捲入轉生的不同階段，也就是西藏所說的六種中陰。中陰的循環是無止盡的，猶如不停轉動的輪子。這個過程似乎是無止盡的發生，因爲心並沒有被迫停止或是在任何一個點上被創造，沒有任何東西在其中。本質上，佛教的法義就是覺知輪迴的痛苦、終止這個痛苦的意欲（不只是爲自己，而是爲了一切衆生），以及透過證悟佛性可以得到解脫。

思考一下某人此生轉生爲人，這樣的轉生是如何發生的？試著思考一下前世的狀態。不管前世是什麼形體或是經驗了哪一道，很明顯的是曾經有過死亡，因爲他已經不再參與前生。在前世形體死亡與今生形體誕生之間，六種中陰階段形塑了臨終、死亡與轉生的經驗。對於佛弟子而言，檢視中陰階段從今生到來世的過渡時期究竟發生了什麼事，的確非常有意思，對於了解潛在的佛性也有很大的幫助。

隨著臨終中陰，會有一個相對短暫的無意識狀態，這是因爲對於死亡經驗的震驚。這個間距稱爲法性中陰。在中陰階段發生的心的投射、幻覺等等，跟我們日常生活的經驗一樣真實。此外，在中陰階段發生的高興、痛苦、混亂等情緒經驗，也跟我們現在的感覺一樣真實。唯一不同的是，中陰身時沒有形體作爲意識的基礎，只是心理投射的形體，並無自性。

六種中陰身以不同的方式呈現，不管是活著時、臨終時或死後，都是由自己特殊的業力來決定。當身體死亡後，當前所使用的經驗基礎轉移了，心的經驗完全是以精神的方式來呈現。然而，這個經驗有化身的味道，因為有一個強制力（心的習氣）使得它自我表現。但是這個中陰身並沒有形體，雖然對主客觀條件的執著會編織無數形體的網，但他始終相信沒有形體，心就無法存在。因此，這個意生身看來就好像有一個形體一樣——雖然實際上並沒有形體。

雖然意生身有虛幻的特質，然而心在體驗死亡後的狀態卻是非常真實的。當心捲入經驗之後，這就是事實，就是真實的。在這一點上，此心（在化現中，心的本質仍是清淨、流動、無礙的）經驗到一個化身的狀態。心完全沒有形體作為意識的基礎，但因為障礙遮蔽了心，讓心具像化而以為有形體。這些障礙容易讓人以為在心與外在環境之間的這個準形體，是真實的。從一個比較主觀的觀點來看，認知外在的化身，只不過是在中陰身時，心所經驗一切痛苦與快樂情緒的接收器而已。

在某一點上，業果顯現，中陰階段開始消退，透過十二因緣，引導心轉生於六道。以我們為例，我們的業果成熟轉生於人道，曾經經過中陰身的心優先轉世成為人，就是成為我們現在的樣子。

心具體化現轉生進入一道，完全是依靠業報來引導整個過程。想想所有六道的可能性，轉生為人，相對而言是最好的。從業的層次來看，這樣的轉生顯示善報（是透過善功德與善行而

99

來）易於呈現優勢，而惡報（是透過不善行與惡作而來）則較不佔優勢。這種說法對人道而言是概括性的。人間道屬於善道，所經驗到的是更快樂而滿足的，而且較其他道更具潛力。

身為人，我們不僅參與集體的共業，同時也經驗各自的別業。簡單說，共業是善報的優勢把個別的人聚集起來，除了分享經驗，我們也分享人道的感知，包括自然環境。在人間道所進行的活動，意味著特殊的經驗分享，因為我們分享共同的業力來從事這些事情，承認這些經驗存在這個世界上。共業還反映一個事實：在人道中，我們還和其他眾生分享一定比例的經驗。

然而，另外一種則完全是個人經驗的別業。例如，有些人活得比別人長壽而且終生比別人快樂，他們可能有比較穩定而平衡的個性，經驗到身心的幸福、健康、富裕，所以不管做什麼都容易成功和滿足。有些人雖然也降生於人間道，但可能是完全不同的經驗，例如短命、多病，導致他們十分不快樂、身心不穩定，同時伴隨著貧窮、不足、艱困等等。不管這些經驗是正面還是負面，都是因為別業的習氣而生起。

即使胎兒在子宮受精與成長，都是受到他是否造下善業或惡業來決定。在某些例子，懷孕過程中，母子都非常平安，這會是令人愉快的經驗。同時生產過程也比較順利，沒有痛苦，小孩誕生後沒有併發症，活潑健康，四體健全。相反的例子則是對母子而言都是可怕的經驗。有時在懷孕過程中，孩子就已畸形、遲鈍、缺陷（先天上身心不健全）；生產過程可能非常痛苦、有外傷，以致孩子帶著痛苦的病症來到世間。同樣的，這也是一種別

業。

　　共業和別業如何結合起來產生一個獨特的經驗？最佳的例子就是一個人進入六道之一的共同體驗。很明顯的，並不是每一個有情眾生都和人一樣以同樣的程序出生。事實上，有些道的眾生會以非常奇特的方式誕生，他們不必經過妊娠階段，而是直接成長進入該道；以這樣的實體，完全不需要整個懷孕階段。心識直接轉生成為一個特殊形式的實體，這是地獄道和天道的特徵。以地獄道為例，心識在直接轉生時，視十八層地獄的不同狀態而定，會經歷強烈的冷或熱。以天道為例，心識也是直接轉生，視三十三層天的層次而定，心識會發覺自身被非常愉悅的環境包圍。根據不同經典裡的描述，轉生天道是立即在一朵花的中心化現。

　　但是在人道和餓鬼道轉生便有許多狀況，是依靠兩性、父母的結合、孩子在母體內的孕育、身體架構在子宮內的發展、直到孩子誕生成為人的一份子。這有時會有奇異的輪替。在人道，我們對一個女人同時生下一兩個孩子很熟悉；但是在某些餓鬼道，一個母親可能同時生下幾百個孩子或幾百個餓鬼。在共業的例子中，餓鬼道眾生也是透過母體的子宮而轉生。

　　在畜生道的例子，包括昆蟲，有許多不同的降生方式，例如胎生（如哺乳類動物）、卵生（如鳥類和昆蟲），有些立即成形而化生（如蛆蟲），有些轉生需要依靠適當的條件，如溫度、溼度等，物種才能夠繁殖。總之，眾生轉生到各自的業界有四種途徑，即胎生、卵生、溼生、化生，這四種途徑都發生在畜生道。

　　談到轉生需先懷孕的情況，是很有趣的。當個人的心識還在經驗前一階段的中陰身時，一個感應（業的急轉）產生後，會預見未來的父母。在轉生為人道的例子，會有一個經驗，也就是看到父母結合的形象，然後迅速入胎。與懷孕程序連結的，不只是父親的精子與母親的卵子結合形成授精卵而發育為人體，還有中陰身的心識入胎，也成為第三個元素。因此，兩個色身元素和一個心理元素結合在一起，才完成人類的受孕。

　　另外，這個小孩的情緒反應是懷孕色身層面的一個推動力，以決定孩子是男孩還是女孩。如果業報是一個女兒身，就會對父親男性的能量產生正面的吸引力，在此意生身的心中，對女性能量會排斥和厭惡，而這種吸引力和厭惡感是懷孕過程的一部分。相反的，如果業報是一個男兒身，就會對母親產生吸引力，對男性能量則會產生排斥和厭惡，這是懷孕期間的情緒組成要素。當父親的精子和母親的卵子結合加上意識，懷孕就發生了。從這個觀點來看，心已經得到色身做基礎，透過受精卵的成長而自我表現，當胎兒在母親的子宮內成長，一直到懷孕期滿，胎兒也慢慢成熟，最後具足人的色身和感官系統而誕生，成為一個嬰兒。

　　對我們而言，重要的不是在生命的過程去檢視它，而是在不可避免的生命結束時——這是我們遲早都要面對的。一個絕然的事實是，當生命降生的時候，就預示了生命的死亡。無疑的，生死是互相定義的。沒有一個人能夠生而不死，也沒有一件事物在成形之後永不壞滅。在人道的眾生和現象也是一樣，就如同輪迴六道因為因緣而生起的所有事物一般，我們生而為人，心在人

道的體驗，最後終將結束。

死亡過程的幾個階段──臨終中陰

死亡分為幾個階段。事實上，整個生命就是一個死亡的過程。當我們放棄色身時，有一段間隔時期稱為臨終中陰，當死亡來襲的特殊原因發生時就開始了。致命的疾病或意外發生時，或者其他因素引起器官受損而無法修復時，臨終的程序便開始。臨終中陰繼續運作，直到這個人真正死亡。當證明他的呼吸已經中斷、心臟的活動已經停止時，顯示身和心是分離的，身心的結合也已經崩壞了。臨終中陰是另一個層面的中陰觀念，是從一個階段到另一個階段的間隔時期。

不管死亡的原因為何，臨終過程顯示組成色身的元素和身體的經驗已經壞滅。傳統上，這被視為四大的分解。地大並不是指懸掛在空中的地球，而是指身體裡像土地一般特質的堅固性。身體內的血液和流動的流質構成了水大。有機構造的生命體溫形成火大。呼吸和氣脈的循環組成風大。身心都會經驗這些不同特質的分崩過程。死亡過程的不同階段都會有徵象，主觀上，一個人單純地經驗個人的死亡；客觀上，別人也可以觀察或感覺死亡的過程。

當真正死亡的過程開始時，最粗的微細元素地大會消解融入次微細的元素水大，消解時，人的身體會變得非常沉重而難以移動，臨終的人無法坐起來，手臂和腿也無法抬起來。當地大消解

時，身體的運作和控制會失去穩定性。當調整和移動身體的能力急速衰退時，內在的個人經驗像是被一個重物所壓制，有如一座山置於胸前一般。當地大崩解到心理層面時，身體就好像被擠壓或輾碎一樣，非常可怕。

第二階段是水大消解融入次微細元素火大，外在的徵象是此人已失去控制便溺、分泌唾液和黏液的能力。液體開始從身體的孔竅中洩漏，因為此人已經沒有能力透過肌肉組織加以控制了。這個徵象顯示水大融入了火大。在主觀的層次上，臨終者感覺好像被水溺斃或被洪流沖走一般。再次的，這也是非常受創的、恐怖的經驗。

第三階段是火大融入風大，這是更微細的特質。在內在的層面，這種經驗就像是被火焚燒般，身體有如受制於難以想像的熱度。旁人看到這個程序時，客觀的現象是從身體末端慢慢失去體溫，首先是手指和腳趾變冷，接著上移到腿部至心臟，慢慢的，身體失去了全面的熱能，這是火大融入風大的徵象。

之後，風大融入空大。空大是一個人的意識，在此階段，客觀的觀察者會注意到臨終者最明顯的徵兆就是呼吸困難，也許是很急促、虛弱的喘氣，或是長而抽搐的呼吸，總之是難以掌控呼吸，而且很快就排出。只要還有氣息，臨終者要吸進下一口氣就會十分吃力。此時，呼吸的程序即將終止。主觀的經驗是他好像被抓入暴風的大漩渦中，被龍捲風或颶風撕裂一般，直到停止呼吸為止。這個停止顯示所有四大已經崩塌，而且融入識大之中。

此刻，會出現短暫的三階段程序。你將憶起接受自父親和

母親的男性能量和女性能量的概念，以及與身體結構的結合。這在技巧上是有關紅白明點。明點（bindu）是梵語，意思是點滴或精華，意味著某種濃縮的東西。白明點被認為是男性能量，紅明點被認為是女性能量。不管這個人是男性還是女性，白明點是接收來自於父親的能量。在空大消融時，白明點集中在頭部的頂輪。紅明點是接收來自於母親的能量，集中在肚臍下方的生殖器位置。

一旦空人完全消解融入識大，死亡的過程繼續，紅白明點開始從兩極向中央移動。第一個程序是白明點從頂輪下移到心輪。臨終者會看到一片白光的景象，好像突然間被月光或清晰的白光所淹沒。當白明點下移到心輪時，過程非常短暫，就像是一剎那間或是一秒鐘。

當白明點到達心輪時，顯示心在此時已經無能經驗瞋恨或侵害的情緒了。瞋恨或侵害的情緒暫時被堵住，因此心無法經驗到。經典上說，臨終的人在此刻就算見到有人要殺害他的父親，也不會生氣或心煩。

緊接而來的（也是非常迅速），紅明點或是女性能量從生殖器位置上移到心輪，與從頂輪下移的白明點結合。此刻，臨終者的意識正在死亡的點上，會經驗瞬間紅光的景象，好像太陽突然間從眼前升起，直接面對紅色的光芒一般。在此階段，所有貪愛、執著、吸引的情緒都有效的切斷了，即使是最美麗誘人的仙女或是最英俊非凡的天人出現，對於臨終者此刻的意識也不會激起一點吸引的念頭。此時，心已經沒有貪念。

當紅白明點在心輪相遇時，死亡才真正的發生。此刻，身和心分離了，能量結構也完全崩解，不再有一個身體結構做基礎來維持意識，因為身體已不再是生命經驗的一部分。

藏傳佛教中有一個技巧，叫做頗瓦法（phowa），藏文意指意識的轉移，是死亡時，當意識離開身體的那一刻，在某種程度能夠控制它的一種練習方法。利用頗瓦法的適當時機，就是當紅白明點在心輪相遇的時刻。一個熟練的修行者可以轉移意識到更高的了悟境界，到清淨界，而不會讓心陷入隨著死亡而自然發生的無意識狀態。若沒有運用這種強有力的方法，心就會中斷；即使是無明和呆滯等粗糙層次的意識都會被阻塞，以致於心會經驗到短暫完全的無知。

如你們剛剛所知的，臨終中陰是四大消融的過程，而且心失去與外在現象世界的聯繫，此時感官開始停頓——眼睛模糊無法看見，耳朵無法清楚的聽見，此外，味覺、觸覺和感覺都喪失了，慢慢的，當整個遺忘迫近的時刻，心也慢慢失去有意識思考的能力。此刻，當心進入完全遺忘的無意識狀態時，心的潛力依然以非常不同的經驗繼續存在著，就要看臨終者生前修行的程度而定。

在金剛乘中，有那洛六瑜伽，其中一個方法叫做「光明成就」（radiant light）。修行者開發清淨的覺性，使他能夠在死亡的這個階段替代無意識的正常經驗。透過大手印的禪修來直接體驗心的本質，也有可能開發這樣的狀態。如果行者在此生開發了這些禪修技巧，就已經養成了這樣的習慣，在死亡的那一刻將有

希望能夠明光現前。如果這些習慣能夠持續到肉體壞死之後，當慣常的經驗都完全遺忘時，心會以一種覺知的狀態取而代之，而這種覺知直接地與心的本質相應。證得這種直接內觀的潛能，層次大約是十地菩薩中的初地菩薩。有十種層次或程度的了悟，超越了十地菩薩的層次，就是佛地了。在這極微細的覺識經驗中，是有可能非常快速的提升靈性。事實上，是有可能在很短的時間內從初地直達佛地。的確，如果開發了那洛瑜伽的技巧，即使從初地到二地、從初地到四地或其他任何層級的一個動作，都可能產生戲劇性的結果。

死後無意識狀態的期間，通常最多是三天半。如果他此生修行得很好，靈性獲得戲劇性的成長，這種潛能是存在的。但是對一個沒有修行的人，死亡的情況會很不一樣。我們可以客觀的認知，一旦呼吸和心臟已經停止運作，身體對這個死亡者而言已不相干了，但是，我們所沒有看到的是亡者強烈震驚和創傷的主觀經驗，以及心陷入無意識狀態的反應。一旦死亡來臨，內心空白了一段時間，不像我們平常深沉的睡眠。傳統上，概略計算這段期間大約是三天半，雖然絕非這麼死板。

最後，意識重新生起並活動。當意識重新開始認知後，此一再度覺醒的人又要面對心的反射。在《西藏度亡經》裡，這種遭遇稱為「靜忿百尊壇城」的經歷，將會經驗到各種不同的狀態生命體。但此經歷的主要特質常被許多意生身誤認或誤解，因為當一個意生身看到本尊壇城時，通常會經歷驚恐的、令人厭惡的外在力量，心會避開，猶如這些投射是發生在心外，而不是發生

在心內的幻覺。一個人如果接受過「中陰聞教得度」的灌頂並實修，一定會受益。「中陰聞教得度」是《西藏度亡經》中的一個內容，透過這樣的修持所得到的加持和理解，能夠讓我們在經歷中陰身時不被迷惑，或至少能減輕顛倒，讓覺性的潛能進展到可以認知的地步。

如果亡者的意識無法認知到靜忿百尊的經驗是自己覺悟心識的單純反射，反而被拉著走，那麼此心將繼續經歷死後的經驗，並被推進到另一個中陰身。下一個階段稱為「受生中陰」（可能中陰）。從字義上來看，在這個狀態下，什麼事都可能發生。這是一種立即經驗的狀態，由於意識沒有身體作為基礎，意即不論心中生起什麼，都會立即外顯而具體化，就好像真的發生似地去經驗，也就是只想到這是直接而立即經驗的東西。

例如心一想到印度，就立即到印度一樣。而且隨著每一個念頭，他會發現自己瞬間就置身於那個環境，例如從印度到美國、加拿大、到家裡、到尼泊爾等等。或者，他可能想到某個喜歡的人，那個人便會立刻現身；而下一秒鐘他可能想到一個怨恨的人，哎喲，那個人又立刻現身。我們現在無法體驗如此立即的經驗，因為我們有一個形體作為意識的基礎，因而讓整個程序緩慢了下來。但是在可能中陰的狀態下，什麼事都可能發生，而且也發生了。心是從一個經驗擺盪到另一個經驗，在分秒之間的基礎上，或是在片刻之間的基礎上。事件也是從一個地方跳到另一個地方，沒有一致性，也沒有連貫性，所經驗的都是突然出現的事。

　　再次地，在那洛六法的法教中，有另外一種修行稱為「中陰瑜伽」，主要是針對死後的可能中陰狀態。運用這個技巧，亡者可以利用此一瞬間經驗完全轉化。倘若不穩定的狀態遍佈整個情況，則心的正面潛能可以使得他完全而立即的轉化這個經驗。如果一個人在生前修習過這種技巧，此刻中陰身出現時，習氣會生起，使他能夠完全轉化。對一個熟練的行者來說，經驗本身就可以對治煩惱，因為修習中陰瑜伽能夠建立一種習氣，以在中陰身時有效轉化，並認知到靜忿本尊壇城就是自心的究竟本質。

　　即使沒有圓滿地修行中陰瑜伽，在「可能中陰」時也可以得到解脫。任何禪修，像是觀音法門，我們自認為是本尊的形體、念誦本尊的咒語、用不同的觀想方法幫助我們開發認知靜忿本尊的能力，因為這種本尊相應修行的主要利益，是幫助我們養成回憶的習氣。在可能中陰的時候，如果本尊的形象或咒語在心中強烈生起，一旦我們的信心足夠，那麼身、語、意經驗的完全轉化會立即發生，讓我們認知到中陰經驗的真正本質。如果在每天的禪修中開發這種習慣，並在心中生起，使得在中陰身時，禪修和經驗不再有距離，那麼亡者就可以直接體驗到報身的清淨覺性。

　　開發這種潛能是淨土法門的主要觀念，鼓勵能夠轉生到極樂世界的願力。表達這種發心的對象，是來於對阿彌陀佛的信心。對阿彌陀佛虔信的功德是，可以透過信心、發心和願力直接往生極樂淨土。如果發願到極樂淨土的力量夠強，在中陰狀態沒有形體障礙下，這個過程可以在瞬間發生。在心識受到業力轉生之前，過程就開始而且直接達到極樂淨土。透過此生對阿彌陀佛的

信心、發心和願心，能夠橫豎三界，讓心得以突破個人的業障。

用這種方法，一個人可以獲得等同於初地菩薩的證悟狀態。這種不可思議的經驗，在經典中描述為：「在極樂世界從一朵蓮花中化生。」許多經典中皆談到這種不可思議的方式，提供了一個願力和信心的基礎，這是淨土宗的核心。修習阿彌陀佛法門絕對可以建立一種習氣，能夠在可能中陰時瞬間轉化。修習其他的本尊法也具有同樣的效果。當心不再主觀地限制在形體具象上，心投射出的不穩定狀態便提供了轉化的潛能，可以在很短時間內發生。如果一個人修行得很好的話，即使是瞬間也是有可能的。

不論一個人修行的質與量，都無法保證在中陰身一定得度。一個可能發生的複雜現象是，此生的執著會帶到死後的經驗中。例如，在可能中陰狀態，意識不只可以回憶生前所住的家，也可能試圖和生前的家人溝通，好像他們活著一樣。但是中陰身的限制就是無法真正的溝通，雖然會有家和家人的顯現，但是任何想要溝通的意圖都沒有效用，因為這些全都是意生身的投射。

另一種可能是，中陰身的意識經驗可以認知到別人談論他的死。在所有的情況下，某些認知最後都會明白死亡已經發生了。當意識到自己死亡之後，心理很難接受，因而再次產生巨大的震驚和創傷，心識會再一次短暫空白，隨後當意識再度生起時，另一個可能中陰的經驗已經接手了。

執著於生前的財富、所有物，以及類似的東西，是完全有可能的。當新近的執著在心中依舊鮮明時，這種形象會在中陰身生起，意識也會認知到最近的財富和所擁有的東西被別人拿走或瓜

分。由於無法再拿回財富和所有物，痛苦的感覺就會生起，成爲激發本尊修法的障礙。一方面，他可以誠心發願要透過轉化到清淨的道；另一方面，他或許會流連，因爲他感到所有東西都留下來了。

由於心還想要回到先前曾經擁有的經驗，所以這種經驗會很奇怪的輪流出現。心識可以認知，例如，心愛的人呼喚：「不要走，回來呀！」但這只是對人或情境執著的投射，即使是他的期待，也不可能再回到那個情境了。因此，如果不全心發願，就只能不斷的流連，這會變成一個真正的問題，成爲影響轉化的最大障礙。

可能中陰的過度狀態，什麼事都可能發生，分爲早期和後期階段。早期階段與今生以及當下狀態的印象有較多連結，因爲這些印象在心中還很鮮明，在意生身的經驗和印象中，扮演著支配性的角色。在整個階段中，有時亡者的心識會生起一些情境，他知道死亡已經發生了，會再度感到創傷、震驚而昏迷。

當前生的印象開始褪色之後，可能中陰的後期階段就開始了，執著於過去已不再是意識的目標，心識開始忘記回憶，此刻扮演支配性角色的是與未來命運的連結，以及心識將要依附下一個轉生的形體。後期的印象以及心識認知的方式，容易受到業果的習氣所束縛，使得亡者以特別的方式進入轉生的狀態。

傳統上認爲整個死亡到轉生過程的時間大約是四十九天，也可能長些或短些，這個標準是依據三個中陰身脫離肉體的總體時間而定。

　　如果沒有獲得解脫，那麼在某一特殊時刻（不管中陰身的持續時間），心識會被業力驅使而進入轉生狀態。所有轉生的情況都是個別的，這就是輪迴的程序。輪迴意味著「一次次的來來去去」，也就是生與死的循環，從一種形式到另一種，從一道轉到另一道。輪迴不是圓圈式地會回到原地的一種循環，而是不斷的從一種受限的生命狀態到另一種，以中陰心識的經驗填補生死之間的間隙，它的程序是由心識依據不同的業報經驗著一種狀態到另一種狀態、一道到另外一道。只要個人沒有證悟，程序就不會終止。輪迴不會自行耗盡，它不會把形體用光，也不會把顛倒的覺識用光，只會不斷的繼續、繼續，當用盡的時候又持續的更新。

　　只有一種情況能夠提供機會以超越這無止盡的痛苦，踏出整個墮落的輪迴。也就是得到珍貴的人身。擁有人身最重要的，就是業果讓我們能接受法教，對法產生興趣，並開發信心進而加以運用。當這個機會被激發了，我們就能真正踏出步伐，從無止盡的生死輪迴中解脫。

在隆德寺的庭院，卡盧仁波切正準備進入佛堂主持大黑天金剛法會。
（謝拉・艾賓攝影）

6.

金剛乘介紹

金剛持，傳統上觀想為深藍色，以金剛跏趺坐姿坐於蓮花月輪上。絲
綢綾羅衣飾莊嚴，雙手分持鈴杵交叉於胸前（分別象徵智慧與方便），
頭戴五寶冠（象徵超越五蘊）。在噶瑪噶舉皈依境中，他也被觀想安坐
在樹的中央。（墨水畫，二十世紀作品）

淨除散慢意識

身為人，我們的生命經驗是透過五大（或六大）而產生。再者，不只人類，一切有情眾生都有地、水、火、風、空等五大元素，每一種都會對身體的具象化起作用。如我們前面討論過的，地大呈現為身體的堅固體，水大呈現為身體的液體，火大為身體的溫度，風大連結到身體的呼吸，空大則代表身體的孔竅和空間。此外，一切有情眾生都有識大。除了人道，其他各道眾生的識大被看作是五大之一，像是火大或水大。但這種類似會模糊了智慧的本質，其他道眾生把智慧當成不清楚的、未揭露的特質，以為只有五大在運作。所以，人類能夠在身體的五大之外區隔出識大，是很幸運的。

識大是一個人的俱生佛性，如同我們討論過的，這是一切眾生本自具有的。你們可以回憶，這個佛性就像是完美純淨的水，無明與愚痴的障礙可以看作是泥沙，當水和泥沙的不潔混合時，水的本質並沒有削減。同樣的，無實體的障礙物遮蔽了我們先天本俱的佛性，但是識大仍然能夠讓我們認知到心的本質。不幸的是，三惡道有情眾生的障礙是如此深重，大部分都被無明和愚痴所遮障，以致無法認知或經驗到佛性的識大。

在我們人道的經驗，識大會以不同的程度呈現，顯示的程度是看一個人先前累積的善業，使得他被遮蔽的心性能夠得到部分清淨。這未被遮蔽的覺性，稱為「俱生識大的曙光」。這種覺性在我們的認知中，能夠區別人類和其他道眾生對某些事物有不同

的理解。最特別而顯著的就是與畜生道眾生的不同。

再者，智慧可以開發並增長，尤其是如果我們運用佛法。為了說明這一點，回想一下，深夜時，因為一切都是黑暗的，所以不可能看到或看清楚任何東西，除了黑暗的狀態之外；破曉時分，山的輪廓和不同的景觀可以模糊的被認知；當太陽升起時，所有景觀的細節就變得清晰了。這個比喻說明了識大的特質：等待著清楚的認知，對於心的本質有如破曉般逐漸清晰。藉著修行佛法，智慧將逐漸增長、茁壯，變得光明燦爛，猶如太陽慢慢升起直到完全白晝，使得所有的現象都可以清楚看到。

雖然識大在人道中屬第六大，且單獨成一個元素，但對於散漫的意識而言，仍然是模糊的。即使一個人曾經聽聞佛法中關於心以及諸法的本質，但散漫意識的障蔽仍阻礙了智慧的完全顯發；若沒有智慧的發露，就無法清楚認知心的本質。然而，透過禪修，散漫意識的障礙會減少，智慧會增長，變得更彰顯、更有力量。這便是修行佛法的過程。

我們已經討論過，散漫的意識有四種形態，分別是：煩惱障、所知障、業障、定障。這四種垢障會遮蔽智慧的顯發。很幸運的，透過修行佛法，可以完全淨化這四種障礙。正午時分，遮蔽陽光的烏雲消散無蹤，此時正是日正中天，照耀四方；當四種障礙消除時，也是同樣的狀態——根本智慧完全顯發並照耀。這就是藏文所說的「桑傑」，意思是完全淨化、開放、成就，也就是藏文所謂的佛。

一旦有情眾生的四種障礙被淨化並證悟佛性之後，智慧便完

全開發了。此刻，慈悲、智慧的巨大力量和特質會同時生起。這種特質完全超越了任何類似人天普通可以獲得的心理特質。傳統上，佛陀有所謂「三十二相、八十種好」的特質。

佛陀的語言也具有完美的特質，完全超越了人天所能達到的境地。例如，假使佛陀對著一群擁有不同語言背景的眾生演說，他們都可以正確無誤地了解。再者，不論距離多遠，佛陀無須提高音量，所有群眾都可以聽到佛陀的聲音。總之，佛陀在語言上有六十種完美的特質。

歷史上應化的佛陀，他的身體具有超越人天的三十二相、八十種好，完全解脫了身體的所有過患，而且能夠化現光彩奪目的形體，擁有不可思議的美妙，具有一百十二種完美特質。

由於應化的佛陀具有這些不可思議的特質，所以展現了非凡的慈悲。釋迦牟尼佛根據眾生的根器和業力，視一切眾生如同母親看待自己的孩子一般，慈悲地給予眾生不同的法教。在這些不同的法教中，像是菩薩道、辟支佛道、羅漢道，所有這一切都是佛陀慈悲眾生的化現。

三類眾生：上根、中根和下根

由於眾生的業力程度不同，大致上可以歸納成三類：上根、中根和下根。對上根和中根的有情眾生，釋迦牟尼佛教導他們本尊法門。本尊法門使得上根利器者以及累積巨大功德者，能夠在此生完全證悟。透過修行本尊法門，那些平庸或中根者，以及累

積中等功德的人，可以在死亡時或死亡後的期間獲得證悟。本尊法門是特別爲這樣根器的衆生所設計的，所以這個道包含了核心法教。這個法門的本尊稱爲超越的本尊，意思是透過這些本尊，可以達到十地菩薩的成就、直到成佛。這些本尊是釋迦牟尼所化現的，要幫助上根利器者加速達到究竟解脫的目標。

所有本尊都是釋迦牟尼佛化現出來的，但這並不是說他們都是一樣的，而是他們有不同的外相、身體特徵、裝飾、顏色和屬性。這樣是有理由的，就好像餐廳的菜單一樣，可以有很多不同的選擇，因爲不是每個人都喜歡吃相同的東西。有情衆生有許多不同的欲望和需求，每個人的外貌明顯不同，飲食、衣著、音樂或是靈性的探求也都各異，因爲了知一切衆生的差異，釋迦牟尼佛才化現無數的本尊。

爲了了解本尊法門爲什麼如此重要，現在讓我們複習一下三乘的本質和功能。當你們回想三乘是小乘、大乘、金剛乘，我們可以設想這三乘是一個程序：從小乘開始，慢慢增長提升到較高層次的大乘，最後到達密乘。這些也可以看作是三個不同的乘，每一個都可以各自用適當的途徑加以探索。

我已經完整解釋了有關三乘的本質，現在讓我們再簡單回顧一下。基本上，小乘是強調外在行爲的道，必須完全捨棄所有惱害他人的行爲，開發清淨戒行，讓心安止在一境性的禪定上，以實證人我空，達到阿羅漢的境界。

大乘的基本認知不只是人我空，諸法也是空。大乘道認爲一切外在現象都是心的投射，並沒有任何獨立實存的特性。再者，

121

他們認知到這個空性，而且看到一切眾生愚痴地執著於此空性，認為這些都是真實不虛的，以致於執苦為樂，把無常視為是恆常不變的。由於覺知到一切眾生執著的謬見，大乘修行者體驗到強烈的慈悲心。慈悲與空性智慧的開發，植基於六波羅蜜的修行。慈悲與智慧稱為大乘的兩翼，運用這兩翼，大乘行者可以成功穿越所有菩薩的次第，達到究竟覺悟的狀態。這是大乘道。

在金剛乘或是密乘中的知見是：心是空性的，所有外境也都是空性的。這種對於心和諸法都是空性的認知，稱為智慧。所有色身、景象、聲音和一切感官的外相，稱為方便。因此，在金剛乘中，整個輪迴與涅槃被認為是智慧與方便的結合。

以用眼睛看為例。由於眼睛看到色界，以致我們認知到色相，且真正相信有一個所看到的東西。這個說明了清淨無染的明性，就是我們所稱的方便。然而，心被看作是空性的。因此，心的空性以及我們看到外相的具體呈現這兩者，就完全是方便與智慧的結合。

同樣的，當我們用耳朵聽的時候，似乎聽到某些聲音，就好像真正有東西被聽到，這也被認為是方便。但在此同時，聽到聲音的人以及聲音本身，都是空性的、非實存的。這種情形也是方便與智慧的結合。

眼、耳、鼻、舌、身五根和其主體眼識、耳識等五識，以及色、聲、香、味、觸等六塵，都稱為法性。

記住所有這一切的基礎，就是心的本質。如果我們在心中回想一座山、一座湖或是父母的影像，會無法在瞬間認知嗎？我

們能夠立即看到外境，而且有能力在心中回想這些景象，我們稱為方便。認知到這些影像是空性的，並沒有實質存在的東西，心本身也是全無實存的，我們稱為智慧。因此，很簡單，所有的外境、一切現象都是方便與智慧的結合。即使是一生，如果真正了悟方便與智慧結合的真義，我們也能夠完全成為一個覺者，在修行之道上沒有任何阻礙就得到解脫。

為了得到這樣的解脫，我們修習本尊相應法。其中有一個簡單的方法能夠認知所有外相都是方便與智慧的結合，因為本尊具有這樣的力量和加持，才能產生這種了悟。在過去，這種密續的修行方法是十分隱密的，本尊法的修行要緊緊地守護著，不能夠被普遍的拿到。更恰當的說，只有具足良好根器和一定了悟程度的人，才有資格接受這些教法。現在，只要參加法會或是灌過頂的人，上師們就會授與密法或本尊教法。我們應該了解到，若沒有累積足夠的福德接受這項灌頂，就不能閱讀法本或聽聞法教，甚至無法詢問有關此項法教的問題。

在賢劫千佛中，只有三佛會公開傳授密乘，也就是金剛乘。歷史上的佛陀釋迦牟尼佛，是賢劫的第四佛，也是傳授密法的三佛之一。這就是為什麼基本上師徒間若沒有相處一段非常長的時間，便不可以公開傳授金剛乘。在釋迦牟尼佛的一生當中，並沒有公開傳授密法，這些教法只給少數親近和精選過的弟子。因此，你們具足善業接受這些法教，使得你們可以運用金剛乘的洞見，了悟心的本質，得到解脫，這是非常幸運的。

讓我們回頭繼續討論之前不同眾生根器的議題，意即，在

人道來說，有上根、中根、下根三種人。這種分類無關性別、種族、宗教或經濟因素，而是根據善惡業的累積。我們發現下根者有傷害或毀滅的傾向，這種人非常多，他們對法或任何形式的道德都沒有信心，也欠缺對佛法生起信心的能力。這些人稱為下根者，因為一旦他們死亡時，會再次轉生三惡道，經歷無間的痛苦。

中根者不會特別因為任何形式的啟發而感動，終生耗費在娛樂、做些無意義的事情上，不會培養正向的習氣，所以來世並不會轉生到比此生更好的地方。

上根者又稱為人中寶，對法充滿興趣，聽聞佛法，從中得到啟發，並且發願要造善業。與其他根器的人相較，這等人非常稀少。如果你要具體的數字，也許超過一千人，而在此數字中只有非常少數是特別珍貴的，或許不到五人。

具有人身最重要的，是以意識和感官的結合為基礎，也就是眼識、耳識、鼻識等。在西藏傳統中，意識被認為是最微細的器官。視覺意識的基礎就像一朵花，嗅覺意識就像是兩根銅管，聽覺意識就像是樹皮，味覺意識就像是新月，觸覺意識就像是非常幼小的雛鳥，而心就像是明鏡。西藏人也把這五或六種感官功能看作是一棟房子的窗戶。在這裡，與每一個器官連結的意識都被視為是房內個別的人，每個人都有各自的感官意識，透過感覺器官與意識連結，就可以經驗並感覺到世界。透過眼睛和視覺意識經驗到色界；同樣的，其他器官也是和意識結合後才經驗到現象世界。或許可以這樣想，六識透過六根經驗到現象界，這些的確

是個別的意識，因為每一個都有不同的功能，也就有不同程度的差別。在本質上或意義上，把這些組合成一個意識，就是人類的經驗。

透過感覺器官認知到色界的，是根本識阿賴耶識。由於對感官意識經驗不變的、執著的習氣而把一些現象當真，我們因而相信沒有眼睛就不可能認知色相（其他的五根亦復如是）。事實上，並非如此。讓我們導出這項結論的觀念：我們可以透過夢境檢視當時心的經驗，在作夢的時候，心會清楚地投射所有不同的意識，以致我們可以看到色、聽到聲音、經驗到苦樂，認知一串的觀念，包含整個夢中的環境。作夢時，這些都被認知為是絕對真實的。當我們醒來以後，這一切卻全部消失無蹤。

你會記起那一刻（你是開放整個人類的感官經驗）是身體的業力經驗。在作夢的狀態下，藉著身體的習氣，你對夢中感官經驗的世界開放。再者，在死後的中陰狀態，你會藉著意生身經歷中陰感官經驗的世界。在一次接續一次的輪迴中，你以不同的身體經歷這些不同的狀態。透過這些不同的身體，一切眾生就這麼無止盡的在輪迴中流轉。當然，這是兩難的局面，不過，在認知到大乘是有效且有用的方面，也提供了解決之道。我們解決自他之間、自我現象與諸法之間的二元對立，運用空性而得解脫。透過禪修，我們得到一些空性或無我的體驗，包括人無我和法無我，而且真正看到兩者之間的不可分割，以此而獲得證悟。接著，就好像密勒日巴，可以化現出許多神通，如同他在《十萬歌集》中提到的其他不同例子一樣。

大手印和四加行

踏向這一步邁向解脫的路，我們就會碰到大手印的經驗。大手印的梵文意思是大手勢，翻譯成藏文為洽克賈千波（chakja chenpo）。空性的本質包含整個輪迴與涅槃，範圍涵蓋了整個宇宙和所有可能的經驗，是第一音節洽克（chak）的意思。所有輪迴與涅槃的事實，以及整個宇宙所有可能的經驗，並沒有超越空性，這代表第二音節賈（ja，字義是印璽）。大手印意指禪修空性的印記，直到完全證悟並獲得像佛陀一樣的圓滿解脫。藉著遊歷於此精粹的道路，並運用空性印記的認知，一個人就獲得了藏語所謂的千波（chenpo，字義是偉大）。就這樣，這就是藏文和梵文所謂的大手印。

為了認知這個空性的印記——大手印，首先弟子必須禪修了知心的本質。當禪修有了大幅進展之後，根本上師基於慈悲和加持，會對弟子解說大手印的本質。如果弟子是具足上根利器者，此刻就會同時了知大手印的本質，可能當下就得到解脫。確切地說，整個淨除業障之道、福慧資糧的累積、得到智慧的加持，能夠在師徒啟發的當下發生。從輪迴到涅槃的一大步是完全包含這兩者而且同步的，就在當下。然而，像這樣上根利器的弟子，可說少之又少。大部分弟子聽聞這項解說，首先必須要先運用淨除業障、累積福慧的方法，並向上師祈請，以便了悟大手印的果。

在另一端的下根弟子，則完全無法了解法的本質，解說對

他們而言根本沒有意義。就我目前參訪西方國家所接觸的範圍內，只看到極少數屬於下根弟子，根據智力、見識和應用方面的評估，似乎大多數人都屬於中根者。中根的弟子跟著道路慢慢進展，但他們需要以虔敬心對上師祈請，才能得到上師的加持。再者，他們需要淨除業障並累積福慧，才可透過大手印從輪迴中解脫。

如何確切知道修行的細節可以獲至大手印的果？關於這一點，佛陀說過，大手印的實相，只有透過累積福德、淨除業障、結合對上師的虔敬和強烈的祈請，才有可能獲得。有了這幾項特質的結合，才能產生大手印的經驗，否則是不可能的。依照佛陀的這項法教，藏傳佛教的整個教法是根據淨除業障和累積福慧資糧而來。一旦皈依走上此道，一個人就可以透過基礎四加行很快的前進，或是直接修行本尊瑜伽。

首先，我們思惟四加行的利益。這些是淨除業障和染污強而有力的修法，而且對累積福慧是有用的。基本上，這些修行主要是開展對三寶佛、法、僧的信心和虔敬。以這個堅定的信心，透過釋迦牟尼佛的加持力，所有加持的根本化現為根本上師，所有成就的根本化現為本尊，所有佛陀的事業化現為護法。以此，一個人對三寶佛、法、僧，對三根本上師、本尊、護法產生信心。以虔敬心觀想他們安住在眼前蔚藍無盡的天空中。讓這個觀想穩定，接著大禮拜，讓身和語成為心的僕役，實踐虔敬的願望，以觀想皈依境。禮拜時誦念皈依祈請文，能夠對三寶和三根本產生信心。

　　大禮拜是非常好的方式，可以透過身體供養虔敬的信心：藉著合掌置於前額，供養我們的色身；接著合掌碰觸喉嚨，供養我們的語言；合掌碰觸胸前的心口，供養我們的心意。然後觀想：「我以身、語、意做虔敬的供養」，並將身體匍伏在地做大禮拜。佛陀說，即使是一個大禮拜都會有很大的受用，像是強健的身體、良好的氣色、英俊的容貌，可以累積善功德、轉生善趣，最重要的是，得解脫。僅僅是一個大禮拜，其功德等同恆河沙，不可盡數。藉著這個簡單的動作，透過身、語、意，可以淨化並消除惡業，也了悟佛陀身、語、意的特質。藉著這基本的修行，可以累積深厚的福德智慧。

　　如果沒有三寶和三根本，就不會因為對他們產生虔信而受用，也絕對不會因為做大禮拜而受用。所以，無疑的，三寶和三根本是佛行事業利益一切眾生的本質。有了強而有力的加持力和慈悲心，三寶和三根本就像是一個鉤子一樣。如果沒有環，鉤子是無法抓住任何東西的，虔敬心和信心就像是提供了一個環。因此，皈依源的加持力和慈悲心，鉤住了虔敬心與信心的環，避免我們墮入顛倒夢想的惡道中，並導向解脫。

　　雖然我這樣保證，但你們也許會懷疑，因為你們無法看到三寶和三根本散發出來的慈悲心和加持力。事實上也沒有一個途徑可以看到，所以這種懷疑是沒有必要的，因為觀想的修行是透過相互依賴的緣起。為了說明相互依緣的意義，西方的科技可以提供實用的例證。一個特別好的例子就是遙控電視，我們只要按鍵就可以改變螢幕畫面。類似的設備有很寬廣的用途，像是車庫遙

控門、無線電話等。即使你看不出其中的原理，但每個動作都有實際的效用。搖控器和機器設備之間沒有連接的線，我們也看不到這兩者的連結，兩者間沒有不同，然而這樣的裝置卻能完全有效運作。

進一步說明電視遙控器的例子，除非你有遙控器，否則你無法從遠處控制電視。如果給你一個不相容品牌的按鍵，電視也無法在遠處開啓，不管你按幾個按鍵都沒用；或是只給你一個遙控器，如果沒有電視，按再多的按鍵也个會有影像。所以，是遙控器和電視機的相互依緣，使得這種現象可以發生。同樣的，透過觀修，相互依緣增強了我們與三寶和三根本的連結。

你們大多數接受這個法教的人，都擁有足夠的財富且能夠提供物質上的舒適。藉著這些財富，你們可以布施，例如，買一些酥油燈供養，或是幫助窮人與需要的人。這些行爲是值得推崇的，因爲布施能夠幫助我們消除業障，並累積善功德。在四加行中的曼達供養，我們觀想一個壇城，外有鐵圍山環繞著大海，中間有須彌山，被四大洲和八小島包圍著，這些代表我們的宇宙。在內心將這些安置入美麗的壇城中，在內心供養整個宇宙的一切財富和所有，一次又一次的，可以累積很大的功德。

四加行中的金剛薩埵觀修法，做此修行的目的在於淨化業障。設想一項事物，也許是衣服或是一塊布因遭到污染而髒了，爲了要洗乾淨，我們用肥皂和水清洗、沖刷，直到黑漬和染污清除爲止。設想從無始劫以來直到現在，每一個衆生都累積了許多惡業和習氣，淨化這些惡業最簡單也是最好的方法，就是藏傳佛

教專精的金剛薩埵觀修法。藉著觀修金剛薩埵在我們的頂上作為根本上師的本質，並念誦金剛薩埵百字明，一直觀想他的清淨加持並洗淨所有惡業。我們確實可以運用這種方法淨化所有惡行、破戒、違犯等過失，就像是用肥皂清洗髒衣服一樣，藉著念誦百字明、觀想如甘露般的加持洗去惡業，我們得到了清淨。這種觀修會去除所有過去累積的惡業。

在此我必須提醒，通常我們是從觀想皈依境和大禮拜作為四加行的開始，然後做金剛薩埵觀修，接著做曼達供養，最後再祈請上師做上師瑜伽。但是也可能從除障的金剛薩埵觀修開始，尤其是如果我們在觀想技巧上出現問題的時候。

在四加行中，我們會修習上師相應法，目的在開啟對諸佛、菩薩、上師、本尊、護法不可動搖的虔敬心，並祈請他們慈悲和力量的加持。在實際的修行中，我們觀想並思惟上師是結合了諸佛菩薩的本質，對他以最大的虔敬心和信心祈求。藉著累積的功德，以及修習前面三個加行法而淨化了惡業，接著，透過上師瑜伽加速增長大手印的智慧。現在，你們或許會質疑：「誰才是上師？」在內在的本質上，上師或是根本上師與本初佛金剛總持無二無別。但是，從外在現象上，上師的色身在噶瑪噶舉的傳承裡，就等同於大寶法王嘉華噶瑪巴或是他的四大法子之一。四大法子是：大司徒仁波切、夏瑪仁波切、蔣貢康楚仁波切、嘉查仁波切。

事實上，不管是知名的或是任何傳承被認可的喇嘛，只要被認定為根本上師，就是要從他那裡接受法教和傳承的加持。此

外，根本上師要對弟子解釋並闡明心的本質，以此不僅可確認上師的資格，也可證明他的能力。舉一個比喻：如果地上有一大堆黃金，放出閃閃金光，照耀天際，有興趣的人都會知道這堆黃金到底在哪裡。同樣的，噶舉傳承的法子以及大喇嘛們的特質就像是金光般照耀，顯露了覺者的特質。這種攝受眾生的範疇是空行母的事業或工作，她們想要藉著闡明佛法而利益一切眾生，讓他們都知道諸法的究竟本質。顯然的，偉大上師們除了知名值得一述之外，還有許多必備的資格，而最重要的是，一個具格上師必須有不間斷的傳承。從本初佛金剛總持以來，透過了悟的加持、灌頂和指導，必須將法教的權威以不間斷的方式，經過證悟上師的傳遞，一代傳一代，直到現在你們所選擇的根本上師。以這樣的保證，我們才可以堅定地相信上師了悟的力量，以及直接進入佛地，亦即法身的卓越能力。

本尊瑜伽

但是，如果此刻我們沒有時間、能力或喜好來修四加行，那麼有另一個淨化惡業、累積福慧的方法，就是很規律的修習本尊瑜伽。分散在世界各地的佛法中心，可以讓我們熟悉本尊念誦和觀修，尤其是觀想自身為本尊身、自己的語言為咒語，並認知心的本質為本尊深廣的三摩地。修習本尊瑜伽是非常有益的，而且一開始我們可以經常到就近的佛法中心接受觀想指導，並與團體共修，養成習慣。

　　觀想的修行不論是用在本尊瑜伽或是四加行，都會呈現出一些進展的階段，認知到這一點是很重要的。在個人日常生活經驗中，我們不斷經驗各種情緒、散漫等等的念頭，但這些情緒和念頭也不斷消融到空性中。事實上，這些情緒和念頭的不存在，就如同它們的存在一樣，不多不少。想像一下持續六小時對話所產生的散漫念頭和情緒，大約有一半的時間，心是完全休息的，不過自己並沒有發覺，因為心被無明遮蔽了。

　　當我們熟睡而沒有作夢時，不斷生起的情緒和散漫念頭並沒有發生，因為睡覺時，我們是處在一種粗重、無意識的三摩地狀態，心是沉靜的。由於無明的遮蔽，我們無法認知到這個自然的禪定狀態。事實上，通常人生有一半的光陰會耗費在開發情緒衝突和散漫的念頭上，另一半則虛擲在無明中打滾。但是，如果我們覺知到這種自然的禪定狀態，生命就可以運用在覺悟上。

　　死亡之後，通常心會馬上進入完全遺忘的狀態——無意識、無念頭、無覺知，大約三天。這種遺忘的狀態比睡著的經驗或是白天的活動更沉重，完全被無明所淹沒。

　　對治這種狀態，就是藏文所謂的 kyirim（梵文：utpattiakrama），即觀想的生起次第。這個瑜伽的生起次第，直接處理我們在日常生活中對六塵根深柢固的執著。深重的習氣視這些為真實的，並且會對這些感官產生強烈的執著。所以，生起次第的對治是觀想所有極樂世界的快樂經驗，或是本尊的清淨世界，並了解所有的聲音都是咒語。此外，認知所有的現象就像是鏡中反射的影像，如幻、如雲、如回聲，然後真正轉化自己的執

著，知道這些事物都是無實性的，這樣就可以克服執著。當我們了解生起次第的功能和道理之後，就可以清楚的修習禪定，並從無明中覺醒。這種覺醒引導我們了悟大手印。

如同所舉的例子，假設有一半的人生是花費在昏沉的狀態，我們拿一間空房子和無明做比較。當室內的燈是熄滅的，空間便呈現黑暗狀態，什麼也看不見。這個黑暗就像是人的無明一樣。禪修的圓滿次第，藏文稱為 dzogrim（梵文：sampannakrama），是進一步對治，導致修行的成就。在我們的例子裡，這可以比喻為開啟室內的燈，任何事物都可以被清楚的看見，此時可以獲得大手印的第一階成就。

過去，人道眾生並沒有經驗到像現在這樣情緒迷亂的程度，修習小乘是非常適當的。行者可以修習小乘的心一境性（zhinay 禪定），即使初學者也可以修禪定一天、一個月或一年，因為情緒極少散亂，所以很容易即可進入禪定狀態，使心穩定，而且發現不論他們想修什麼法都很容易。在過去，小乘法的修行的確是最適宜的。

但是，在現代，情緒混亂的情況普遍深入且強而有力，人們對此也有強烈的回應，以致於修習禪定以得到法益並不容易。因此，有另外一個克服情緒衝突非常有用的方法：實踐智慧與慈悲的菩薩道，行布施、持戒、安忍、精進、禪定、智慧等六度波羅蜜。即使在今天，雖然大乘道仍適用，但隨著時間的推移卻變得更困難，因為情緒衝突和散漫的思想已經達到強烈而普遍的狀態，因而產生一種結果：雖然有人認為自己是一個大禪修者，能

夠禪修空性一整天，事實上卻僅有極短暫的片刻能夠體驗到真正的禪修。

　　這種情緒和散漫的黑暗狀態，在賢劫的這個特殊時代沉重的壓迫我們，在此被黑暗蠶食的年代，只剩下一條唯一的道路──金剛乘。因為釋迦牟尼佛在不同場合公開示現了金剛乘的力量（也因此被認為是賢劫會開示金剛乘的三佛之一），使得印度的班智達們、第一批西藏的譯師，以及西藏歷代的成就大師可以傳承此無價的止觀、灌頂和教法。這種殊勝不應該被忽視。金剛乘是如此神聖的、尊崇的、秘密的道，在未來賢劫九百九十六佛的世代，只有最親近、最精選的弟子才有可能接受金剛乘的教法。生在此刻，我們的確非常幸運，能夠這麼容易地接觸到珍貴的乘，當然不應該浪費這麼寶貴的機會和難得的人身，必須利用這一切透過修行金剛乘而得解脫。

7.

深入密乘修行

上圖：蓮花月輪上的「舍」字。

下圖：四臂觀音。（尼泊爾木板畫，二十世紀作品）

金剛乘是最有力的修行道

從先前的討論，你們現在應該了解當我們提到心的空性本質是什麼意思。心基本的性質是清淨的，心的化現是無礙的，但在有情眾生的覺知中，心的本質卻被遮蔽了（有點像在沉睡中），使得眾生處於無明之中。因此，在這黑暗期間，我們十分幸運地有可用的力量和快速的道途幫助我們迅速成就佛道。金剛乘快速的道有它的成就之處，因為它鼓勵人們禪觀自身以及諸法真實的現象為本尊身，所有的音聲都是咒語，所有的心理現象都是本尊三摩地。以這樣的方式禪觀，藉著認知心的本質，個人能有效處理遮蔽的情緒以及散漫的念頭。只要認知到心的究竟本質是空性的、清淨的、無礙的，便可以完全且瞬間摧毀煩躁的情緒、內心散漫等等。這種認知的瞬間力量，會徹底粉碎一個人情緒和心理的不平衡。

金剛乘無疑是當代最適宜、最實用、最有力的修行道。我們可以比喻為把所有的東西打包好、放在一艘大船上，以舒適輕易的方式橫渡大海，不必留下任何痕跡。這個道，不必像小乘一樣捨棄一些東西，而是透過認知，將俱生法身轉為報身、將報身轉為化身的一個道。

運用金剛乘的方法，我們在念誦本尊的咒語時，會根據每一個儀軌的特殊性運用觀想的技巧。要知道，透過諸佛菩薩的加持力，這樣一個咒語不只有很大的加持效果，還有很深遠的利益。在我進一步說明密乘解脫道之前，想討論一下密乘的本質，以及

密乘和當今現狀的關係。

　　現在，我們都擁有輪迴善道的人身。在這個人身中，有三條主要的氣脈，分別是清淨與不清淨阿賴耶識和我們身體的連結。這些脈道是從臍輪直通頂輪，它們是中脈、右脈和左脈。沿著這三條主要脈道有五輪（cakra 的梵文意思是輪，是能量的旋轉中心，依照上升的順序是生殖輪、臍輪、心輪、喉輪、頂輪），從這五輪中依次散出去還有其他氣脈，支持十二小輪，主要座落在身體的末梢。人的身體總共有七萬二千條氣脈，是我們的生命能量，如果適當開發，可以延長人的壽命、健康和舒適狀態。

　　仔細檢視這些氣脈會發現，就在這些氣脈開口的尖端，會出現神聖的字母，乃是因為氣脈內識大流動的力量而生起。這些聽起來不可思議，識大的力量在氣脈內化現為很小的字母。此外，我們也發現，智慧元素的氣和散漫意識的氣在氣脈內流動，這個流動引發了聲音的經驗。身為人，我們經驗聲音，也能夠製造聲音，同時可以透過聲音表達內心的念頭，這都是因為識大呈現在氣脈尖端的字母和聲音。再者，我們日常生活中能聽到許多聲音，只是因為識大在氣脈內能量的呈現。

　　雖然這有點超乎我們平常的認知，然而，十地菩薩的每一地都隨其成就而有不同的特殊能力。讓我們思惟一下初地的成就，即來自於徹底而完全根除最粗重的四種垢障，也就是業障。一旦我們完全根除了業障，就可以得到瞬間進入一百種禪定、化現一百種不同分身的能力。事實上，初地菩薩具有十二種這樣驚人的特質。即使如此，初地菩薩了解陀羅尼或是咒語的能力還沒有

生起。

二地菩薩比初地菩薩有更深廣的了悟。例如，有一個非常進化的人能清楚地觀過去和未來百世，而且能變現一千個化身、經驗一千種禪定。像這樣，從三地到六地的菩薩，他們的能力遠超過此人的十倍。而七地菩薩，則連最後殘餘的情緒微細障礙都完全根除了。但是，雖然擁有這種成就，即使七地菩薩也無法了解咒語和陀羅尼。

只有八地菩薩不可思議的功德，才有能力開始了解並認知咒語、陀羅尼，以及咒音的力量。八地菩薩擁有十力，其中之一是能夠看到無量眾生意識之流的能力，而且能夠清楚的認知並確實感知到他們到底在做什麼；另一個能力是能夠完全控制環境，隨心所欲地控制天氣以滋潤大地、利益眾生等等；或是有一種控制生命的能力，能夠隨意地延展自己或他人的生命。

九地菩薩對這些能力的開展更甚於八地菩薩，已經完全去除了二元執著的障礙。最後，十地菩薩只剩下殘存的微細無明遮障，或是阻礙圓覺的昏暗。經過十地的圓滿次第，這些殘存的微細無明慢慢的清淨，直到徹底根除為止。到那時，會產生一種佛性的了悟狀態，完全沒有障礙，是一種對於實相的全知。

因為佛和較高等地的菩薩已經以獨特和個人的力量浸潤成咒語，所以某些咒語具有力量去做特殊的事，例如，一些咒語有延命的力量。有些咒語具有提供不同成就的力量，例如，健康、財富、保護、研習語言的成就等等。因此，不同的咒語對個別的人便有不同的效果。有些咒語可以對一個人或所有人傳達許多不

同的力量，像六字大明咒「嗡瑪尼唄美吽」。有些咒語則是特別
為某些眾生而設計的。

咒語和陀羅尼是釋迦牟尼佛在完全無遮無礙的圓滿狀態下
開創的，透過聖者偉大的班智達在印度世世代代傳承著，非常小
心地維持在完美的狀態。稍晚，佛經翻譯成藏文，許多人、尤其
是博學的西藏人，聚集在一起從事譯經工作，並以精準的譯音寫
下這些咒語和陀羅尼。直到今天，不同咒語的音聲，像六字大明
咒、金剛薩埵百字明咒等，在西藏算是保持了最精確而原始的形
式。所以，這些咒語是從圓滿覺性創設出來的事實，是無庸置疑
的。

因為你們擁有所有珍貴人身的特質，像是內在的聰明才智等
等，整個密乘道都可以對你們開放。從這個有利的情勢看來，你
們可以修習一些密乘的技巧，以便進一步了悟。這是很殊勝的！
但是，使你們不誤入各種謬見，也是很重要的。在修習所有的本
尊瑜伽中，有三項基本的要求和禪修技巧，稱為三特質。第一，
要有清晰的特質；第二，要有認知手印的特質；第三，要有金剛
佛慢的特質。有關第一項特質，在觀修時，我們非常清晰的觀想
本尊輝煌燦爛的光明形象，觀想出正確的顏色、正確的莊嚴衣
飾。我們必須開展這種清晰而穩定的觀想，因為在金剛乘的觀修
中，這是觀想的首要原則。

修習金剛乘的第二個特質是認知大手印或象徵符號，這項特
質要求我們在禪觀時能夠想起本尊形象的不同意義。要了解觀音
或是其他任何本尊的形象，並不是因為業報而呈現。很清楚的，

141

本尊的化現莊嚴或清淨等等，與業報並無關係。例如，當我們觀想觀音時，要記住觀音一張臉孔的象徵意義，這代表輪迴與涅槃不二。此外，白色身體象徵他的清淨無染；不同的珠寶衣飾莊嚴，象徵他對眞俗二諦法的完全了悟（參看附錄 B 有關象徵的說明）。因此，所有本尊形象的不同面向都有一個非常重要的象徵意義，在觀修時我們都要謹記在心。

第三個特質是金剛佛慢，意指在清晰的觀想本尊形象、努力認知本尊的象徵意義時，我們以完美的修習金剛乘為傲。這部分我稍後再說明。

四臂白觀音觀修法

大部分密乘或金剛乘的觀想和咒語修行，都需要一位具格上師的灌頂或隨後的授權和指導，才可以開始修儀軌。但是，少數釋迦牟尼佛公開傳授的修行法，並不在此限制內。十分確切的，所有經典教授的修行法都有佛陀充分的加持，因此如果想要修也可以。這些修法包括觀音法門以及諸佛之母——綠度母。

當你們有接受觀音或是綠度母灌頂的因緣時，是值得鼓勵接受的。但是，現在我要傳授給你們的法門是馬上可以修習的，因為全都經過釋迦牟尼佛的加持。當你們最後要接受觀音灌頂時，會深化你們的修行，並強化你們和上師以及觀音本尊的連繫。

首先是禪坐。一個金剛乘弟子通常會花時間設置一個佛龕，讓獨特的三寶和三根本完整呈現。通常佛像的設置要高於腰部。

儀式項目的種類可以是多樣的，但是一個適當的佛龕包括一幅傳承上師圖、觀音的像（不論是紙的、布的還是金屬的），以及水、果、燈、香等七供養。金剛乘弟子必須留意並尊敬這些儀規，保持佛龕的整潔，在從事任何活動時都必須尊重這塊區域，而且要規律的供香和鮮花，這樣做，可以累積自己的功德。

點燃第一炷香後開始禪修，在佛龕前行三個大禮拜，然後以蓮花坐舒適的坐下。手掌可以在臍前向上，也可以翻掌向下置於膝上。

生起至高的發心，願一切眾生（如虛空一般的過去、現在、未來之如母眾生）成佛，解脫所有的痛苦煩惱，現在我希望給你們觀音教法的儀軌。透過修行以及了悟修行的果，我們將知道所有修行的本質、所有的本尊，都是實踐金剛乘的誓願。這個修行非常簡單，卻有很大的加持力，可以解脫你們自無始劫以來的煩惱痛苦。讓自己適應這項修行並不困難。

現在，觀音是誰？他是什麼？在梵文中，觀音稱為阿伐盧吉諦室伐臘（Avalokiteshvara），意思是以慈悲的眼睛觀看。這個名字點出了觀音的心是無上的、周遍一切的慈悲，最大願望就是慈悲一切眾生，使他們得以成佛。西藏人表達慈悲與愛的特質就稱為觀音。很巧的，觀音有很多形象，有觀音佛、觀音菩薩、觀音本尊。再者，觀音本尊有許多不同的化現，有白觀音、黃觀音、紅觀音等，每尊都有不同的外相，有些是多面多臂，有些是傳統上的外相。所有這些外相都是本尊的不同化現。此處我要給的教法是一面四臂白觀音的觀修法，這是所有藏傳佛教的基礎修

143

行。

　　這項修行最重要的特色，是儀軌中的咒語非常有力量。事實上，只要一聽聞「嗡瑪尼唄美吽」一開始就成形了，它的連結和延續終將導致成佛，如果不是現世，就是未來世。接受觀音灌頂和修行儀軌，弟子在了悟心的本質上會有很大的幫助，並解脫輪迴的痛苦煩惱。這種超越是有可能在今生成就的，或是在死亡時刻，尤其是在中陰身的時候。因此，我勸你們認真的考慮這個教法，並想想珍貴的人身唯一對你們最有利的事，就是成佛。你們應該感恩，在這末法時代，有一個最簡單的成佛方法，就是修行觀音本尊儀軌。

　　開始修行任何金剛乘的法，藉著觀想你面前的虛空有一大朵雲，充滿著所有的皈依源，在中央的是本尊，此刻是觀音本尊，四周圍繞著諸佛菩薩。生起這樣的念頭，我們皈依是為了使一切眾生都成佛，無一例外。當念誦皈依儀軌發菩提心時，生起意欲成佛的念頭（儀軌可參見附錄 B）。

　　觀音儀軌的正行，是觀想在你自身頭上以及一切眾生頭上，出現一朵白蓮花盛開在一個白色的月輪上。在月輪上是一個白色字母「舍」（HRI），很自然的化現為觀音菩薩的形象──白色身形，一面四臂，安住在月輪上。他的背後也是月輪支撐，具足了報身佛所有的德相、衣飾莊嚴。他的形象不是實體的，而是空性的，半透明的外相像天空的彩虹或是水中反射的月影，是非常清晰、明顯、展現的，這個外相不是可觸的、堅固的或是實存的。（對此解釋或進一步的觀修，請參見附錄 B 。）

144

　　觀想得非常清晰，觀音不只端坐在你的頭頂上，而是一切眾生的頭頂。當你做此完全清晰、光明的觀想時，念誦祈請文，祈請偉大、無量的愛和慈悲可以在你們的心識之流生起，使一切眾生都能認知心的究竟本質，也就是大手印。

祈請文

尊者無暇白淨身
阿彌陀佛頂上嚴
慈眼悲憫視眾生
頂禮大悲觀世音

　　現在觀想無量的供養天女從你心中散放，她們對觀音以及諸佛菩薩做供養。觀想她們以恭敬和祈禱供養，而你也虔敬地念誦七支供養祈請文對諸佛菩薩做供養。

　　在念誦七支供養祈請文以及帕摩尼師所作的祈請文之後，接著觀想從觀音身上散放出五色光在你的頭頂上以及一切眾生的頭頂上。這個光清除了一切眾生所有的惡業，讓外在世界轉化為極樂淨土。現在，你及一切眾生和觀音菩薩的身、口、意三門無二無別。

觀 想

以我專誠祈求力，

從聖者身放光明，

淨諸惡業及煩惱，

娑婆頓成妙淨土；

有情眾生身口意，

悉成觀音身口意，

現象音聲及世智，

悉與空性合如一。

　　接著念一段時間的咒語，用念珠記數。這念珠是由一百零八顆珠子串綴而成，象徵經典的數目。念誦時，你可以做一些觀想，訓練心的覺性，這是智慧與方便的結合，也是密乘的基本原則。例如，你可以專注地觀想觀音坐在你的頭頂上，而在心中祈請慈悲以及對諸法空相的了悟。有時候你可以專注在觀想觀音從他的光明身散放出光芒，周遍法界，並轉化一切眾生為觀音形象，接著觀想全宇宙都是他的淨土。或是，當你在念咒時，可以將心安住在無思惟、無作意的本然狀態；或者，你也可以開展對一切眾生的強烈慈悲心。慢慢的，開始思惟這些層面之一，並試著停留在那個念頭或祈請文一段時間之後，再換另一個。一開始你會感到疲累，但當你開展出能力之後，會變得輕鬆，而且會發現心是平靜祥和的。當你對這些初步的觀想有了信心之後，要請

教上師對觀想技巧做進一步的指導。

念誦咒語之後，不管是念幾百遍或幾千遍，觀想一切眾生轉化為觀音，全都融入光中，這個光完全吸入安住在你的頭頂上的觀音身中。接著，觀想你與觀音無二無別。當我們將牛奶注入茶中，茶就失去了黑色，而與白色的牛奶混同。同樣的，當你將自己的身、語、意和觀音的結合，也就失去了自己而融入觀音之中。接著，觀想此，在此無二無別中，所有的形象融入月輪和蓮花中，安住在觀音的心間。

專注而清晰的看著安住在輪上的種子字「舍」，被六個咒語字包圍著，每個字都安住在白蓮花的六瓣上。觀想這光明神聖的白色字母「舍」，你可以看到它是由五個部分所組成，也就是藏文的 tsedrak、a-chung、rata、ha、gigu。現在，觀看它們一個融入一個，從舍字的左邊 tsedrak（梵文是輔音，由兩個圓圈組成，一個在另一個上頭）開始，融入舍字最底下的音節。接著，a-chung 這個字融入上面靠近水平的一筆 rata。依次，融入上面的主要字母 ha，最後這個主要的字融入上面的 gigu 字母中。

觀想

自他身相皆是聖者身
一切音聲悉為六字明
諸般心念無非大智慧

　　最後一個字母的融入繼續消散，直到成為一個小斑點，這個小點或是亮光慢慢減小，越來越小，直到完全消逝在空性中。此時，保持你的覺性，遠離所有概念式的散漫或念頭，完全放空，感覺這空性的清淨。以這樣的方式禪修，這是圓滿次第，如果你是上根的話，可以在此生了悟大手印；或是，如果你是中根的話，可以在死亡過程中得解脫。

　　接著，從空性中生起，觀想自身化為觀音具有一面雙臂，要認知這個身體是起因於色身與空性的結合，他的語言是起因於音聲與空性的結合，他的心是起因於意識與空性的結合。再次顯現此觀音身形後，做功德迴向。

迴向

願我迅速以此善
成就觀音大士尊
一切眾生盡無餘
悉登彼等之聖位

　　傳統上，觀音菩薩修持法之後是念阿彌陀佛祈請文，他是觀音菩薩的上師，做這種祈請是希望能夠轉生於極樂淨土。

　　你可以經常念誦此咒語，任何時候、任何地方，不論你是在開車、走路、說話、思考時。我向你們保證，三寶的慈悲心在遇到你們的信心和虔敬心後，一定會引導你找到道路，並使你具足

能力走到成佛之路。

另一項修法也是釋迦牟尼佛所鼓勵的，對所有人都開放（不論是否受過金剛乘灌頂），也就是眾所周知的杰桑卓瑪——綠度母。我們可以透過祈請或禪修綠度母法，也可以透過清晰地觀想她的身形在虛空中而產生信心。祈請綠度母加持或成就，並觀想這些加持或成就降下來，我們會得到這些加持。據說以這種方式祈請與開展信心，不管你要求什麼都會滿願，因爲有她的加持力。還有人說，如果我們想要一個孩了，這個孩了會來；如果我們想要財富，財富會來；如果我們想要精神成就，它也會來，這都是來自於對綠度母有信心所產生的力量。

在這麼簡短的陳述下，我無法詳細描述觀想綠度母的細節，或是佛陀教導的其他本尊教法。如果你們想要滿足興趣，可以和就近的佛學中心聯絡，向喇嘛請教。

現在你們了解圓滿需要精進，你們可能會問：「爲什麼這麼麻煩？」如果你是一頭牛、一隻狗、一隻貓，就不能夠修法了。甚至不會有了解的能力來使你認知修佛法的需要，因爲你們已經得到珍貴的人身，擁有許多特質和自主性，現在你們已經有機會在此生修習佛法。你無從得知未來是否有機會，因此現在必須把這個珍貴人身帶向究竟的意義上，唯有透過這個人身，才有可能圓滿覺悟。

不作任何努力無法抵銷過去所累積的惡業，而且果報一定會成熟——如果不在今生，來生也一定會。因此，即使我們失去自制力，或因責任不斷被世俗的閒雜事所轉移，仍然可以藉著思

149

惟四聖諦和念誦「嗡瑪尼唄美吽」來修行。即使是這麼簡單的方法，也可以讓我們在此生累積善業。認知到此生的無常，思惟來生是很重要的，而且要踏上轉生善道的步伐，尤其是人道。如果只有此生是重要的，那麼我們只要關心吃喝就好了，就像動物一樣。

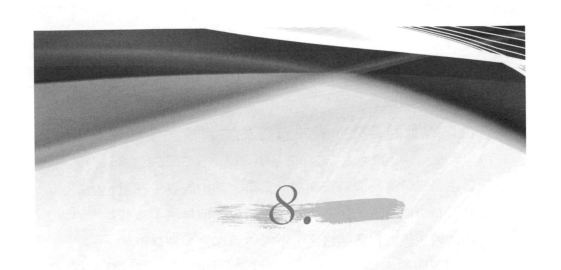

8.

解說菩提心

難陀的故事

佛陀在世的時代，有一位已婚的親戚，名叫宗格瓦（Chungawa，譯註：根據《大寶積經》記載，此人為佛陀的弟弟難陀）的男子，對法具足信心且非常有興趣，但是，善妒的妻子卻阻止他這項愛好，禁止他對法的好奇，並不斷設法讓他無法追求興趣。妻子是如此嫉妒的監視著宗格瓦，不管他到哪裡，總是跟著。

看到難陀的困境，釋迦牟尼佛決定幫助他。一天早晨，釋迦牟尼佛乞食到難陀家門口，當難陀知道真的是佛陀本人沿街來到他家門口時，本能地想衝到外面把食物放到佛陀手中的鉢。此時，他的妻子正在洗澡，所以來不及阻止他，也不能跟隨他出去，但她仍非常關切佛陀來到的消息，以及先生熱切地供養食物給佛陀，於是她向難陀潑灑了一壺水，弄濕了他的整身衣服，並要他在衣服一乾的時候就回來（在印度的熱天，衣服只需幾分鐘就乾了）。難陀答應妻子的要求之後，便拿著他的供養填滿佛陀的鉢。

「這樣很好，」佛陀說，「現在，跟我來。」

由於折服於佛陀的出現以及慈悲的氛圍，難陀安靜地跟著走了一段路。當他開始想到對妻子的承諾時，已經離開城市有一段距離了。他想回去，但是又想留在佛陀身邊，就這樣一邊走，一邊進退兩難地沉思著。最後，他們來到一間遠離塵囂的精舍。到了那兒，佛陀直接帶難陀到他的房間，並要難陀在他短暫離開一下時清掃禪房。雖然難陀表達了自己對於妻子關心他去處的不

安，但也答應做這個簡單的工作。然而，每次他清掃房間後，就有更多的灰塵出現，工作似乎毫無進展。而且，佛陀說他一下子就回來，但卻久久不見蹤影。

最後，難陀放棄了，並動身回家。離開精舍後，他抄人煙稀少的捷徑穿越叢林，希望能盡早回到家，同時避免遇到佛陀回來。但是，當他在途中繞過一個彎後，驚慌地看到佛陀從對面慢慢走近。在懊惱中，難陀跑到一棵枝葉垂地的樹下躲起來，但這根本沒用，因為當佛陀走過時，樹枝自己竟彈升起來，暴露了難陀躲藏的地方。

「難陀，你要去哪裡呀？」佛陀問道。

「嗯……，我正要回家，嗯……，嗯……，我剛剛想回家……」難陀回答。

佛陀又說了一次：「好，來，跟我來。」

他們又回到精舍。佛陀指著自己的僧袍並教難陀抓緊衣角，難陀不知所以，但佛陀說他自有主張。儘管難陀充滿狐疑，還是順從著，當他一抓緊藏紅色的僧袍時，佛陀就帶著他飛上天空。最後，落在一座很高的山上，他們發現一個滿臉皺紋、駝背的老婦人。

「唔，難陀，你認為老婦人漂亮，還是你的妻子漂亮？」

難陀回答：「世尊，這是無庸置疑的，我的妻子比這位老婦人漂亮千百倍。」

聽完難陀幽默的回答後，佛陀又邀請他繼續下一站的旅程。他們再度飛行，透過佛陀的神通力，他們抵達三十三天。

　　透過佛陀的法力，難陀得以一探這美妙的地方，不禁被這美麗的奇景所震攝，不只是天人、天女，還有周遭的一切。最後，他來到一個有盛大活動的地方，有幾位天人和天女正在準備華麗的寶座。看到他們專注於這項工作，難陀心想他們或許有重要的活動要舉行。基於好奇，他靠近他們並提出疑問。

　　「對不起，能不能告訴我你們在為誰製作這個美麗的寶座嗎？今天是不是要舉行登基大典？」

　　天人轉向難陀，以溫暖的微笑向他致意，並答道：「喔，這個寶座並不急著用。我們會準備，是因為期待一個名叫難陀的人類到來，他會受戒成為一個清淨僧，往生後將會轉生於此三十三天。這樣殊勝的行為和清淨的德行是很難得的，即使很多人都嘗試要做。為了隨喜他的成就，我們期待他的到來，並在今天於此製作寶座。」

　　難陀噤聲了。美麗的寶座和美妙的天界令他無法抵擋，這樣一個報酬正在等待著他，的確是令人愉快的。難陀想著自己終將居住在如此幸福的地方，所以很快就把他在地球上的生活忘光了，並完全忘記妻子以及要他回家的事。等到佛陀帶他回到精舍後，難陀便要求並受戒在佛陀門下。

　　一天，佛陀在精舍對大眾開示，以嚴肅而關切的語調說：「你們大多數人已經受戒，希望能夠證悟而利益一切眾生。你們希望能夠解脫輪迴的痛苦，是一個美妙且值得付出的努力。但是，你們之中有一個人單獨受戒，因為他相信只要持戒清淨，就會轉生三十三天。這位比丘名叫難陀。今後，無論如何都不要跟

他說話，也不要與他為伍。你們每一個人設定覺悟的目標都和他不同。」

從那時起，在日常生活的一切作息中，難陀都被僧眾排除在外。但是，難陀嚴守戒律，不在意也不關心自己被孤立，因為他確實很想要轉生到那美妙的天界。

一天，佛陀邀請難陀進行一趟地獄之旅。難陀再度緊握著佛陀的衣袍，透過佛陀的神通力，他們很快就到了地獄。地獄眾生承受著強烈而無邊的痛苦，難陀完全被震懾，深受驚擾並垂視雙眼，避免看到這些可怕的景象。當他們經過一個接著一個不同的地獄時，他緊緊靠著佛陀。最後，難陀看到一間大房子裡充滿許多可怖的眾生和凌虐的刑具，在這間大房子的中央有一個大鍋爐，裝滿鎔鑄的銅，有更多銅一塊一塊的被扔進去，幾個獄卒專心一意地添加燃料以增溫。但是，在這次恐怖之旅中，難陀沒有看過像這樣的鍋爐，這個鍋爐裡也沒有人，於是好奇又戰勝了他，他靠近一個站在旁邊的地獄眾生。

「對不起，你能告訴我為什麼你們這麼認真地在燒這個鍋爐，而裡面卻沒有眾生嗎？」

獄卒轉向難陀冷笑地說：「我們在為一個人做準備，他目前住在南瞻部洲，現在正忙於持守清淨戒律，將會轉生三十三天。」

這對難陀而言太熟悉了，但對他並沒有意義。因此，他問道：「如果這個人要轉生的是三十三天的天界，你們為何在此地獄準備一個鍋爐？」

155

獄卒的笑聲從他的腹部而起：「我以爲你會知道。天界的寶座，其自然因果就是地獄的寶座。沒有一個天道是永恆的，當魅力和光明消逝之後，所有天人都有機會墮落地獄和我們同住。」

燃燒的火焰飄出的煙塵、酷熱的溫度，以及獄卒回答的衝擊，讓難陀虛脫到幾乎要昏厥。但是，好奇仍驅使他問更重要的問題：「那位持戒清淨的比丘是誰？哪位如同你說會轉生爲天人的人，死後會墮落到這個鍋爐裡來？」

獄卒回答：「難陀。」聽到這樣的命運正在等待著他，難陀甚爲苦惱，一想到要在這個鍋爐裡滾燙的銅水中游泳，就感到驚恐萬分。佛陀剛剛離開了一會兒，難陀想到應該要與佛陀會合了，也很高興佛陀很快的又會帶他回到世間的精舍。

我跟你們分享這個故事，是要說明諸佛菩薩對眾生的關心與行爲是無遠弗屆的，對任何人都沒有限制。諸佛菩薩的意圖不斷地轉化爲行動，幫助一切眾生了解輪迴痛苦的束縛，而這束縛能夠解脫轉化爲極樂。在難陀的例子中，佛陀盡一切努力幫助他正確地建立法的正道，讓難陀不僅虔敬的持守戒律，也認眞修行，以便未來成佛度一切眾生。難陀的決心是如此堅定，使得他完全終止了五官的欲望。當難陀證悟之後，他的偉大成就也爲大眾所公認，因此被稱爲「五欲終結者」。

另一個事例也說明了菩薩事業。有一個女妖魔不斷取人和動物的性命，令村民大爲苦惱。觀音菩薩不僅關心這個女妖魔會累積惡業，也關心被她所傷害的眾生，於是化身爲另一個妖魔。以這樣的色身，他追求女妖魔，很快地他們就同居了。儘管身爲妖

魔，在日常作息中，觀音菩薩都會念誦「嗡瑪尼唄美吽」，終於有一天，女妖魔問他在念什麼。

「喔，只是很棒的咒語，可以給我任何我所想要的東西，尤其是吃的。」觀音菩薩回答。

發現這竟然這麼有趣，女妖魔決定念誦這個咒語看看靈不靈。出自於對愛人有信心，女妖魔對咒語的喜愛程度也和愛人一樣，雖然有時想到鮮肉和鮮血還是會感到飢餓，不過她說，這咒語更勝於自己的口腹之欲。慢慢地，女妖魔的胃開始收縮了，失去了對眾生血肉的欲望。此外，由於受到咒語的加持，女妖魔的心也開始改變，最後，她對於吃喝新鮮血肉不再有任何的想望。僅僅念誦這個咒語就使得她整個心都改變了，她甚至開始修法，終於步上成佛之路。所有這些事的發生，都是因為觀音菩薩種下菩提心的種子所行的事業。

六道輪迴

當我們憶起一切眾生還在輪迴中流轉，菩薩事業的重要性就更加明顯。我們很幸運地擁有珍貴人身，但是如果不知好好珍惜利用，等待我們的會是什麼結果？我們都清楚知道在善道的天人和神仙是在品嚐善報的果實，如果我們此生行善業，也可以體驗天人的境界；不過，如果沒有修正嫉妒和傲慢的習氣，也有可能淪落更痛苦的惡道。在火熱地獄中，會經歷強烈的痛苦，那裡的眾生不斷的被火燃燒又消滅，或是遭熔化的金屬澆灌在身上。在

寒冰地獄中，也會經歷割身一般的酷寒和爆裂開來一般的劇痛。
這些地獄並不是短暫的旅遊，像難陀那樣的經驗，而是必須忍受
一段很長的時間。事實上，這種經驗如此漫長，永無止盡，那裡
的眾生完全被極度的痛苦所煎熬。

　　我們知道，餓鬼道要比地獄道稍好，但是，餓鬼道眾生經歷
強烈的飢渴，永遠也無法滿足，這種無法滿足的欲望是由於過去
生慳貪吝嗇的遮障，導致身體有無量的胃口，不斷的需求食物，
但是因為嘴巴和喉嚨都太小，以致無法滿足。更慘的是，食物總
是灼熱的，所以吃東西便成為十分痛苦的事。這種不斷欲求的飢
渴經驗，也會持續很長的時間，要經過好幾劫才有可能穿越或是
再穿越這個荒漠世界。

　　再高一層則是畜生道。我們知道大部分的動物居住在海洋和
叢林，遠離我們的觀察，所以要了解牠們的痛苦會有點受限。但
是，很顯然的，動物因為愚痴且生活在被更大的掠奪者吃掉的恐
懼而痛苦著，處在隨時需要逃跑以尋求庇護的狀態。即使是龍族
（nagas）這種像蛇一般的動物，居處的地方雖遠超過我們所理
解，但卻是非常痛苦的。雖然動物的壽命不同，痛苦也各異，可
以確定的是，牠們都生活在痛苦中。此外，一個眾生可能停留在
畜生道很長一段時間，轉生成不同的動物或昆蟲。

　　一切眾生都不知道快樂的因是來自於行善業，痛苦的因是來
自於行不善業，無止盡的在六道中輪迴，是來自於善業和惡業累
積的結果──看到這樣的事實，我們怎能不像無量諸佛般生起
慈悲之心？怎能不對一切眾生生起仁慈之心？了解並認知到眾生

生死流轉的困境，是開展慈悲心的根本，也是佛行事業的基本發心。

據佛法所說，一切眾生無一例外，至少有一世、二世或者更多世曾經是我們的母親。我們知道，母親非常慈愛的把我們帶到這個世間，給我們食物，教導我們世間法等等；也知道，我們今生的母親和永世的母親都還生活在輪迴的痛苦中，了知這樣的事實，自然會生起慈悲心。

不幸的，我們無法認出在其他諸有情眾生中的母親，母親也無法認出在其他諸有情眾生中的孩子，這是因為我們的障礙所致，無明的遮障阻礙了認出彼此關係的事實。一旦認知一切眾生都是我們的母親這項事實後，必然會生起大悲心，也必然會下定決心不論在任何情況下都要度一切眾生——我們的母親——成佛。我們必須把他們從輪迴中解脫，這是慈悲心的本質以及慈愛的最終目標。

可以舉一個尊者迦旃延的故事來說明輪迴的感知。迦旃延是佛陀時代的大阿羅漢，一天，當他接近一個村莊時，看到一個婦人坐在路邊，胸前哺餵著一個小男孩，自己則吃著一條烤魚，當她把魚骨和魚刺丟棄時，對於身旁一隻等待吃殘餘的狗感到厭煩。尊者看到她用污穢的語言、粗暴的踢趕，並拿大石頭丟擲，想把那隻狗趕走。尊者迦旃延以超然的智慧或天眼通，看到這位憤怒婦人的父親（剛死不久）已經轉生為那條魚；而婦人的母親（也已死亡）則轉生為這隻狗。

尊者迦旃延也看到了這位婦人的一生，有一個仇人發誓要不

斷地傷害她、騷擾她、激怒她，並以任何可能的方式惱害她。而這個仇人，心中帶著咒怨的力量死去，現在已轉生爲婦人胸前吃奶的小孩。看到這些，尊者迦旃延得知這位婦人輪迴的經驗，由於無知，她正吃著已故父親的肉，凌虐著已故的母親，緊抱著已故的仇人。了悟這些之後，尊者迦旃延對整個輪迴生起無量的慈悲心，也因此更進一步地超越阿羅漢的境界而成佛。

很顯然的，在所有六道中，我們已經獲得了珍貴人身，有智力能夠感知輪迴的狀態。此外，我們也知道修行並生起慈悲心的重要，確實有能力也有力量修行。阻礙淨觀的遮障是如此濃厚，這些特質在輪迴眾生中是非常稀有的。在痛苦的六道中，眾生的數目超越我們有限心智所能計數和理解，是無量無邊的，因此，如果我們能生起意欲，願一切眾生解脫生死苦海，願他們都成佛，一旦我們有這樣的願望，不管程度如何，都已經體現了菩薩戒。

行菩薩道必須修行菩薩戒。經由對一切眾生生起愛心與慈悲心，並希望他們成佛，解脫一切痛苦煩惱，我們在菩薩行上建立了正確的習性，相對菩提心和勝義菩提心都包含在這不可思議的誓戒裡。菩薩執持絕對的見解，認爲諸法和一切眾生都非實有的。這種菩提心的態度，有兩種區別：一是菩提心的發心（願菩提心），一是菩提心的實現（行菩提心）。基本上，願菩提心是想要解脫一切眾生於顛倒的欲望，以這樣的態度，我們必須眞正的運用這個發心。諸惡莫作，眾善奉行，並修行六度（六波羅蜜），我們就能夠實踐菩薩道。在行菩提心方面，成佛之後就能

夠實現菩薩誓戒，無遠弗屆的利益一切迷妄眾生。

　　為了說明這一點，我們再思惟另外一個故事。曾經有一位空行母嫁給了一個愚魯而單純的人。但是，像他這樣單純的人，對於妻子的信心卻是不可動搖的，他以此極大的熱愛和虔敬，只要妻子叫他做什麼，他都毫不猶豫的去做。妻子深受感動而對這個呆頭呆腦的丈夫產生慈悲心，決心要幫助他，最後，想出了解決方法，真心的要求丈夫念智慧本尊文殊菩薩的心咒。就這樣，她的丈夫每天都向文殊菩薩祈請，並一遍又一遍的念誦「嗡阿惹帕雜那地」。

　　時光消逝。有一天，空行母指示丈夫第二天到佛龕前，於是丈夫在文殊菩薩像前大禮拜並跪著接受灌頂。她指示丈夫伸出手並念誦文殊菩薩心咒，同時吃下任何文殊菩薩給的東西。她向丈夫保證，只要這麼做，文殊菩薩就會給予智慧和知識的加持，這不只對他是最大的利益，也是對一切眾生的最大利益。因為丈夫對妻子具足最大的虔敬心，所以對她說的話毫不懷疑，第二天便完全遵照她的指示去做。

　　空行母躲在文殊菩薩雕像後面這個有利的位置，看到丈夫充滿信心的進到佛堂，恭敬禮拜，虔誠祈請，接著，閉上眼睛，伸出手來。看到此，空行母從自己嘴裡拿出一片剛咬過的水果放在丈夫的手上，他便恭敬的吃下去，於是立刻得到文殊菩薩的所有加持。由於他的信心和虔敬，加上文殊菩薩的真正加持，他不再是一個愚魯的人了。不久之後，他實現了菩提發心，成為一個大論師，一位大班智達，以智慧聞名全印度。他的洞見直接而無限

161

的利益眾生，說明了菩提心的實現。

藉著認知到心的本質是空性的，我們了知，如果不愉快或痛苦的經驗生起，心會想著：「我是痛苦的」；如果愉快或滿意的經驗生起，心會想著：「我是快樂的」。如果我們不了解心的究竟本質，就無法了解空性。我們所想的這個心，事實上並沒有任何足以描述的特徵，像是大小、形狀、顏色、位置等。因為所有的現象都是從此心中生起，而心是空性的，所以諸法是空性的。我們意圖開展覺性利他，也就是說，要了解諸法是空性的，這樣的認知會使相對菩提心成熟，導入覺悟的究竟解脫。

我們的果報身是因為前世累積的業行，使得我們經驗這些有形的現象，而這些現象都是心的投射。業行的因是心所造作，這種業行的種子儲存在心裡，因此這個身體是心的業果。再者，當我們睡著時，夢到另一個身形，這是我們的習氣身，在夢中的狀態下，我們認為這就是自己。在死後，我們有一個意生身，也是心的另一個投射，並無實體存在。因為此刻我們無法憶起死亡時的最後中陰以及轉生的經驗，如果不用夢境的情況來分析，會很難說明這種迷妄。

當回憶夢境，似乎跟醒時的經驗一樣真實。在夢中任何快樂或痛苦的經驗，這個習氣身都會認為是真實的，但是醒來時的果報身卻認為完全是空的。每天從夢境中醒來後，都是嶄新的一天，並且覺知所有習氣身的感受、夢中的景象都是空的，完全無自性。這些經驗在臥房中全然找不到，在其他地方也找不到。即使是夢境的模糊痕跡也只是提醒我們，這個果報身另有一個身體

——習氣身。

在釋迦牟尼佛的時代，有一個大阿羅漢，名叫舍利弗，他的母親完全不相信法。即使舍利弗已經是一個了悟的聖者，但他所說的法之實相，母親仍不相信。儘管如此，舍利弗並不氣餒，他為母親設計了一個訓練：他在門上繫了一個鈴鐺，當她進出房間時，鈴鐺就會響起，他要求她留意鈴響，每當聽到鈴響時，就念一聲「嗡瑪尼唄美吽」。母親找不到理由拒絕兒子的堅持，只好不情願的順從這似乎也沒什麼大礙的要求。

母親死時，由於生前惡業的累積，注定要轉生地獄道。其中有一層地獄是讓人感官經驗到被丟進熔化金屬的大鍋爐裡，就像難陀短暫遊地獄所見到的那樣。當舍利弗的母親抵達油鍋地獄，接近這個命運時，獄卒攪動熔化的金屬，鍋鏟因碰觸鍋爐邊緣而發出巨響，聲音如鈴鐺般，她立刻習慣性的就念出「嗡瑪尼唄美吽」，瞬間整個地獄的經驗完全消失——因為兒子舍利弗的慈悲心幫助了她的迷妄心，而把她從無邊痛苦的地獄中解救出來。在我們珍貴人身的每一刻，也應該認知到慈悲解救一切眾生的重要，讓他們從相信諸法是自性有，轉而相信諸法是自性空的實相。

累積成佛的資糧

死亡時，心拋棄了果報身，進入到一種完全遺忘或失去意識的狀態，歷時大約三天，心會停留在遺忘狀態，直到意識醒過

來，開始投射種種幻境，所有境象都會被認為是真實的，就像我們現在看到的景象一樣。這些在死後化現的境象，如風景、環境、城市等等，以及強烈的感官經驗，如喜悅、痛苦、恐懼等等，都是中陰意生身的投射，且被認為是真實的。同樣的，醒時的果報身和夢中的習氣身，透過錯覺經驗的現實情況，也與中陰身的經驗一樣，只是心的投射，並無自性，在心的自身或之內都是不實的。在認知到心的本質並沒有任何實有後，我們必會斷定自我的概念也是如此，非產生也非創造的。一切的外境只是心的投射，本質上是空性的，也是非產生、非創造的。這個觀點、這樣的認知，就是勝義菩提心。

看到一切眾生沒有認知到自己的虛妄本質以及諸法無實的真相，我們知道這些眾生錯誤地執著境相，而相信自己的身體都是真實的。很顯然的，執著於並無實體的色身和現象，會帶給我們極為痛苦的經驗。看到一切眾生沒有認知到勝義菩提心並陷入錯誤的執著中，我們無法不生起無量的慈悲心。從絕對和相對的觀點，我們對一切眾生生起慈悲心，就結合了慈悲與對空性的認知，好像兩隻手合作互相幫助一樣。藉著這種方式，也就是空性的認知與無量的慈悲，菩薩得到了智慧與方便的功德，這便是成佛的資糧。

在十方虛空中，有無量的諸佛菩薩都曾經在過去生中受過菩薩戒，利用這個誓戒以及相對菩提心與絕對菩提心的態度，他們穿越了十地菩薩的階段。絕對沒有一位佛菩薩沒有受過菩薩誓戒，或是根本就沒有生起相對菩提心與勝義菩提心。如果沒有實

現菩薩戒的承諾，他們絕不可能達到佛菩薩的境界。

讀到這個教示的人，都擁有珍貴的人身，擁有完全的自由和物質以安度此生的需求。因為你們能夠穿越法的道路，所以已經抵達法的門口，並站在門檻上了。這個進程非常了不起、殊勝且不可思議，因此在這門檻上，我要解答你們的困惑和猶疑，告訴你們要達到這個目標，必須遍行廣大的功德以累積廣大的善業，這個門檻最後將引導你們走向如證悟的佛一般完全解脫。這是此生最有意義的事，也是步上面前這條道路最快的捷徑。受持菩薩戒能夠幫助我們慢慢澆灌善行的習氣，所有這些戒行都會累積善功德。

在過去，當一個人要求受菩薩戒，必須做很大的功德來供養諸佛菩薩及上師，以便從上師處領受誓戒。例如，行者可能以飲食供養僧眾或僧團、興建寺院以供修法、繞行聖地幾千幾萬遍等等。對諸佛及僧眾做廣大的供養以開發善功德，最後，個人就可以很自然且毫不猶豫的接受菩薩戒。在當前的科技時代，事務發展迅速，我們可以用簡單而快速的方法積聚廣大的功德。例如，贊助他人做三年的閉關，到西藏、尼泊爾、印度的寺院與佛塔朝聖，贊助興建佛像、佛塔、寺院，捐獻土地作為弘法之用，贊助法會或灌頂儀式等等。

也許你們在此生或過去生中已經受過幾次菩薩戒了，所以多少都與佛法有連結。一個人持戒不只是透過個人利他的善行，同時要持之以恆規律的念誦菩薩戒，理想上這是每天的功課。因此，若你的環境不允許，周遭沒有一個佛法中心，生活上也沒有

165

一個喇嘛能爲你傳授這些重要的誓戒，但這並不影響你每天的念誦及思惟佛法的意義，以及日常的行善。但是，我仍然勸你們及早跟隨具格上師接受這神聖的誓戒。

當你們念誦祈請文（也就是你們的誓戒）時，發心是非常重要的。停止片刻，思惟諸佛菩薩在過去受持菩薩戒時，仿效他們的發心。堅定你們的決心，一定會將誓願付諸行動，如同諸佛菩薩一樣。這不僅將諸佛菩薩的成就與你們連結，同時也讓他們知道你們已經深思熟慮決定要利益一切眾生的承諾。

現在你們已經做了正確的發心，非常清楚的觀想在你面前的虛空中，上師身旁圍繞著無量無邊的諸佛、菩薩、阿羅漢，充滿整個虛空。接著，觀想你對他們供養了世間最美好的東西，如供養山川、海洋以及最美妙的東西，像是能讓他們安住的美麗地方。觀想虛空中充滿花、音樂、油燈、香、燭等各種吉祥的供養品。觀想你供養這些美妙的珍寶給上師和伴隨者，內心祈請著：「我祈請上師，十方三世諸佛菩薩，接受這些供養，如此，一切眾生都可以從我受持菩薩戒的意欲和發心中受益。」生起深信你已經接受了菩薩戒，如同上師、諸佛菩薩一樣，念誦這個誓願，英文或藏文都可以。

發菩提心

直至菩提藏　　皈命諸佛前
法及菩薩眾　　如是亦皈依

如昔諸善逝　　先發菩提心
復次循序住　　菩薩諸學處

如是為利生　　我發菩提心
復於諸學處　　次第勤修學

（念三遍）

人身難得今已得
佛法難聞今已聞
願護傳承恆清淨
一切怙主皆現前
願諸眾生盡成佛
人天修羅皆隨喜

勝菩提心極珍貴
諸未生者令生起
已發起者永不退
輾轉增上恆滋長

167

已得諸佛之庇祐
願諸惡行永正斷

菩薩發心利眾生
願諸眾生皆了悟
願諸眾生恆安樂
願諸惡道永成空
願諸菩薩皆成佛

（念一遍）

願諸有情具樂及樂因
願諸有情離苦及苦因
願諸有情不離無苦之妙樂
願諸有情遠離怨親愛憎常住平等捨

（念三遍）

菩薩戒

　　菩薩戒對一個人的生命有何意義？菩薩戒的基本意義是：照顧自己、疼惜自己、只關心自己的利益而不顧他人這樣的態度已完全過去，必須捨棄。我們開展出利他的態度，關心別人的福祉遠甚於自己。一個菩薩，便要生起這樣的態度。

當你已有機會從具格上師處正式接受菩薩戒時，就必須思惟你不只是從上師處領受此戒，而且是從諸佛、本尊以及所有成就菩薩處領受。當你有機會接受灌頂時，或許會被要求用你受戒的法名。若你已正式接受菩薩戒但沒有給你特別的法名時，在你皈依法名的後面加「菩薩」即可。但是，當我們誇大吹牛或態度不嚴肅時，無論如何都不能用「菩薩」這個稱謂。

如果你在溫度、溼度和肥料都恰好的土壤中種下一粒稻穀的種子，就可以看到種子生根發芽，長出坯並結成穀粒。同樣的，我已為你們栽種了菩提心的種子，而且一定會成長、繼續成熟，直到你們開花成佛。不只是我自己，包括諸佛菩薩都決定以大悲心來保護並幫助你們生起菩薩行。此外，還有許多不同的眾生對佛法有熱愛，和你們走在同樣的大道上，這些眾生是你們的法友，會幫助保護你們、鼓勵你們開展菩提心。當我們提出請求並接受了這個誓戒，那麼我們就要開始為利益一切眾生而工作，直到他們成佛為止。一個菩薩須盡一切努力去開展這種利他的態度。

要能成就這個承諾，需要思惟兩個面向的觀點。首先，有可能在心裡認為度一切眾生成佛是不可能的，而感到疲倦；因為不能滿足菩薩戒而氣餒恐懼（這樣會放棄好的發心），我們應該知道這種放棄會破戒。第二，如果此生有一個仇人總是散播惡意，若行者在他利生的範圍裡排斥這個人，那麼他就破了菩薩戒。想要排斥這個仇人而沒有幫助他成佛，我們就減低了菩薩發心，這也等於是破了戒。

　　我們在修行道上是初學者，仍繼續經歷憤怒、瞋恨、厭惡等等情緒，而且這些情緒總是時時生起。然而，因為我們此生或他生受過菩薩戒，必須認知到一旦這些負面情緒生起，就應該知道錯誤，立即或盡快改正。當修行或持守菩薩戒時，不能受這些負面情緒所影響。在此同時，我們也要提醒自己發心的承諾，決心利益那些引起我們憤怒、瞋恨等情緒的眾生。

　　我們要幫助仇人就像幫助朋友那樣，而且一點都不少。一旦下了這樣的決心，即使這個誓戒被負面的情緒傷害，這個承諾也會強化，讓誓願變得更加強烈。如果不能用寬恕來彌補仇恨，也等於是破了菩薩戒。不論這位眾生是你認識或不認識、是你的朋友或仇人、是人或非人，事實上，每一個都是你前世、今生或來世的母親，記住這一點非常重要。因此，只要記住我們的母親如無量的虛空那麼多，需要我們幫助以度她們出輪迴苦海，這樣我們就已持守菩薩戒了。

　　我們應該藉著修行四加行一樣，虔心地修大手印的基礎，每一個修行都包含祈請文，讓我們一遍又一遍的再持受菩薩戒。不斷的重複這個誓願，能夠增強我們的理解。此外，當修行本尊相應法時，像是觀音菩薩儀軌，行者仍重複持受菩薩戒和皈依戒。不論是長軌或短軌，這樣的修行總是從這兩個非常重要的觀念開始。即使這些儀軌經常有不同的用字，但念誦時在觀念和作用上卻有相同的效果。

　　據說持守菩薩戒的利益是有形有相，盡虛空都無法載滿。尤其，即使某人犯了轉生地獄的業行，藉著持守菩薩戒，累積的惡

業也會立即而完全的消除；如果犯了很多類似的業行，若能以清淨發心持守菩薩戒，最後仍會消除所有的惡業。密勒日巴尊者的本生故事即說明了這點。

為了幫助你們更加了解願菩提心的力量，你們可以修施受法（藏文稱 tonglen）。吸氣時，觀想你帶走一切眾生的所有痛苦、顛倒、不清淨等等，這些痛苦轉化成一種煙霧狀的黑光，從你的右鼻孔吸入進到心的中央。吸進這些痛苦時思惟：「我已經完全吸進一切眾生的所有痛苦煩惱，讓他們擁有一切想要得到的快樂。」接著，呼氣時，觀想一道白光從你衷心祈請的清淨發心中流出，並帶著仁慈和快樂，以這些來利益一切眾生。這個簡單的施受法是非常有力量的，被認為是修行解脫道上很重要的部分，不只是淨化眾生的痛苦以利益一切眾生，而且也幫助行者消除累積的無量惡業。無疑的，這種修行會強化你們的菩提發心。

在未來，當你們成就初地菩薩，就會開啟天眼通智慧，也能憶起在遙遠的過去世、在某個古老城市曾經從一位老人受過菩薩戒。憶念起這些時，會有無比的快樂。成就初地菩薩時，也可以化現一些不可思議的特質。例如，在同一時刻，可以立即化現一百個分身去教化一百個眾生。在十地菩薩的階位中，每一地的這種能力和特質都較前地增加十倍，變得更加無量無邊。

你們有願力成為一位菩薩，這是很幸運的。你們已經開始走上菩薩道，而且為諸佛菩薩所承認，有能力增進理解並開展菩提心，這是值得欣喜的一刻。你們要記住上師的慈悲，他授與你們菩薩戒（在此生或他生），所以要供養禮敬上師及諸佛菩薩。

我會持續為你們做幸運的祈請，希望你們能盡快了悟、延壽、吉
祥、快樂。要經常自在並開展清淨菩提心。我祈請這個法教能讓
你們盡快解脫，為了所有眾生，我們的母親。

卡盧仁波切於一九六〇年代後期，在索那達寺的大廳中禪坐。
（謝拉・艾賓攝影）

9.

大手印闡釋

減少錯誤知見

　　現在我們擁有完美的人身，而身體是人道的特徵，能讓我們隨意自由的移動。然而，我們卻無法擁有心靈的自由，也就是我們的心受制於我們的業、情緒以及無明。除非我們摧毀這個控制並消除這些障礙，才可以說我們的心已經獲得真正的自由。為了說明心靈不自由的樣子，只要想想我們的習氣就可以明白了。如果我們對喜歡的事產生一丁點欲望或貪愛的念頭，就很容易生起侵略、傲慢、嫉妒等等情緒。只要一個簡單的念頭就可以生起整個不同的情緒網絡，但是我們通常無能去阻止或控制這個過程。

　　一旦開始修行，就會典型地馬上遭遇到沒有自由的困難。例如，當我們修習禪定，要讓心靜止一分鐘而沒有任何念頭是非常困難的；接著，當我們試著觀想本尊時也一樣，例如觀想白觀音，總是會持續出現黑觀音、黃觀音的形象，而不同顏色的觀音出現，便使得我們無法持續穩定的觀想白色本尊。因此，要開展心的自由，首先要認知心的本質，這是非常重要的，如此才能御心自如。以這樣的方式，不受干擾也不受障礙，只讓它自然的生滅，心就自由了。享有珍貴人身而且能了解這個觀念的人，也將能夠檢視這個法教，並確認心的究竟本質。知道一個人擁有這樣的生命，驕傲感可能會油然而生，引發他去想：「我有這優越的生命和卓絕的智慧」或是「我了解心的本質」。事實上，真的很難真確地了解心的究竟本質。除了想「我是」、「我存在」之外，甚至要觀察心的本質都很困難，更何況是認知這顆心。為什麼會

發生這樣的障礙，有幾個原因，在討論大手印之前先回顧一下這些原因。

首先，在不認知心的本質下，我們都相信自己和自我，很自然的想我看到了「自我」。但是這顆心完全無形無相，沒有形狀、大小等特徵，是沒有一個「自我」的。如果透過禪修觀察心的本質，假如有觀察到一個「自我」，就可以具體形容這個心的特徵，我們可能會說：「它是這麼大」或「它就在這兒」，或是類似的描述。如果你能確切發現心的特徵，就能夠很明確的給心一個稱呼，說它有一個實存的「自我」。但是，如果你不能，就會認知到心的本質是空性的。

其次，我們執著這個「自我」是真實的，但這種執著只是一種觀念上的執取，把自我和某種形式的東西加以結合。如果能以任何形狀或位置來說明這就是「心」，那麼這個智識的、概念的、假設的自我就是真確的。但是，在實相上它毫無基礎，所以說心是空性的，是沒有自我的。

第三，先不論這些，我們珍惜喜愛這個「自我」，急切的想防止一切可能的傷害發生，只希望得到愉快的經驗，因而不能清楚的認知這個「自我」的本質叫做自我的遮障與無明。有關這點，我們已經在整個課程中有過詳細的討論。簡單的說，有三種對自我執著的陳述：看到、相信、珍愛一個「自我」，但卻完全無法覺知我們認為「我」的究竟本質。

佛陀教法的整個骨幹，就是關係到如何減少這種錯誤的知見。在現有的方法和不同的指導中，指出這種錯誤知見的算是非

常廣泛。藉著偉大上師的指導，透過運用這些教法和論述，以及禪修養成的好習慣並開展了悟，我們就能夠成就美妙的事。例如，透過禪修觀想讓心平靜。這可以依照以下的方式來做：開始時可以在心中觀想一個光球，一旦觀想已經穩定了，便觀想光球擴大並移到遠方；當這個觀想再度穩定時，就同時觀想遠方的光球和心中的光球。

當兩個光球同時都觀想穩定時，接著觀想另一個在你背後遠方的光球，並讓這個觀想變得清晰穩定。接著觀想你面前的、心中的、背後的光球，也讓這個觀想清晰穩定。透過這樣的禪修，你將發現自己不只平靜了心，而且當你證得登地菩薩時，這種專注的穩定證明是有益的。在此刻運用專注可以讓你得到各種不同的定境，即時的會達到這項成就。

從佛教與修行的觀點，發現心的本質必須建立在佛法完全修證上。但這並不是說，在了悟佛性之前，所有的修行都是不好或無用的，而只是效果沒有這麼好。了解心的本質會帶來一個利益，就是禪修時透過心所做的任何事都會更有效且更有利益。的確，每個人的心都擁有佛的所有特質，之所以無法彰顯，是因為障礙以及執著於俱生存在的「自我」感，像一條鎖鏈一樣把我們的障礙綁在一起。執著於自我的觀念阻擋了我們對於佛性的認知，而這是我們原來具有的特質。直到執著自我的障礙被斬斷，我們才會了悟這些俱生存在於清淨阿賴耶的卓越特質。

我們的特質被掩飾或遮蓋，猶如被束縛在類似陶罐之類堅固的容器內。在許多密續中，佛陀說過，只有兩種方法和技巧能同

時了悟並獲得智慧。第一種方法是去除四種障礙，並與累積福慧資糧相結合。第二種方法是得到證悟上師的加持。然而，在此黑暗時期要找到這樣一位卓越的上師非常困難，他不只要具有一位優秀上師的所有良好品質，同時要證得圓滿大手印，因此，這樣的機會很少，只有少數幾個人能給予這樣的加持。此外，弟子要從這樣的加持中獲益，則必須累積很多的正業，並對於熟習大手印有強烈的欲求。很幸運的，有許多上師有能力幫助人們在佛道上努力，解答弟子的問題，分享他們的經驗。

要找到人幫助，最重要的是必須確定這位上師具有不間斷的傳承（加持、灌頂、博學權威、經驗等等），而且能給予金剛乘的灌頂。其次，上師必須示現對一切眾生的大慈悲，而不是意圖想要得到財富或擴大個人的名望，以建造自己的宗教王國。上師的心中必須只有一個念頭：引導眾生遠離輪迴的顛倒。

某些情況是，有些弟子帶著異常的特質來尋求上師的指導。有趣的是，當上師對弟子解釋法的時候，弟子即有一種聰慧能夠自然了解，而且理解得很深刻。此外，他們也能立即把教法帶到實修中。在這娑婆世間，出現這種優秀的弟子無關乎性別，他們能夠如此輕易的超越障礙，真正的理由是累世以來累積了福德智慧。此外，他們已經在經驗之流中去除了四種障礙，這樣的弟子只要聽聞上師解說大手印的意義，遮障他們的堅固容器便會產生巨大的爆裂和漏洞，以致俱生佛性會向外照耀。因此，隨著了悟的經驗，當他們聽到這樣的解說後，這些優秀弟子便能夠立即對尚未了悟的眾生生起極大的、真正的慈悲心，也會對上師生起極

179

大的信心，並從上師處獲得大手印的傳承。但是，能夠做到這樣的人很少，他們的難得就像是夏天的雪一樣稀罕。

在過去，當碰到這樣異能優秀的人時，印度或西藏的偉大上師有一個傳統，就是會認知弟子有這樣的潛能並給予特殊的教法。然而，我並沒有過人的智慧能夠認知到這種特殊的人，但是我教導每一個人能夠利益眾生的東西，有些人能從法的外在意義中受益，有些人能夠從法的內在意義中受益，這兩者我都教。

一開始我們想要從輪迴中解脫，就像是年幼的嬰兒一樣，在法的道途上必須被保護、被引導、被協助。我們必須被幫助以克服虛妄的迷惑、顛倒等等，因此需要上師的協助與指導。一個上師具有可信的傳承、對一切眾生的大悲心，以及無誤解釋佛法的能力，這就是我們需要的協助者。我們在法的道途上如同嬰兒一樣，必須依靠上師和三寶的協助，給予我們所需要的，以找到正確的、直接的、快速的金剛乘之道，引領我們達到圓滿的成佛目標。

但是，如果不善用上師的教誨和誠心的指導，就算是有全世界的幫助，也無法讓我們在解脫道上更進一步。為了繼續走下去，你們必須修行。這種修行可能簡單到只是安靜的坐在那裡檢視自心的本質。我已經花了很多時間告訴你們心的本質的確沒有實體性，如果我說的是事實，就要靠你們自己去體證。在揭露或發現大手印方面，這種檢視循序漸進是有用的。因此，讓我們花片刻時間來詳述這個過程。

檢視心的過程

首先，以放鬆的呼吸和開放、無預期的覺性，正確的依禪坐的姿勢坐好。安住在這種狀態，只是觀照著發生了什麼事，很快的，你會覺知念頭無端生起，在念頭本身和其中都無實體性，很快就會消逝在下一個念頭中，或是被下一個昏沉淹沒。這個念頭是從身體之內還是之外生起的呢？是從北方、南方、東方還是西方來的呢？如果念頭是內在的，那麼是來自於心、胃、腿、手臂還是頭？花一點時間檢視這些問題並知道念頭是從哪裡生起的，非常重要。當你被念頭佔滿的時候，它們在哪裡？當念頭從你的注意力中退去之後，它們到哪兒去了？

繼續觀照：這些念頭跟你的心是分開的，是截然不同的個體？還是念頭就跟心一樣，與心的本質表現沒有不同？停留片刻反思這個問題。如果你興起某個地方的念頭，例如附近的大城市，那麼這個念頭是城市本身的映現，還是心的映現？或者是舉遠一點的例子，遠方的城市，例如印度的菩提迦耶，菩提迦耶的念頭與心是不一樣的嗎？菩提迦耶的念頭和心是一樣的嗎，還是分開的兩回事？再次檢視生起遠方和近處的念頭，這個念頭是一樣的嗎？還是兩個不同的念頭？

有時我們必須禪觀這些概念，直到得到一個結論，心和念頭是一樣的還是不一樣的，念頭是來自於外在還是內在。你必須對這些問題有個判定，然後再把這個發現去請教上師。如果你是對的，上師會給你進一步的指導，讓你繼續前進；如果你錯了，上

師會說明你的問題所在，指引你到正確的方向。

為了進行這項內觀，了解整個藏傳佛教的浩瀚著作是有用的，許多資料都敍述心和念頭是無二無別的，念頭從心中生起就像是浪頭從海中生起一樣。這些經典也敍述心是空性的，無形無色，念頭也一樣是空性的且無形無色。是心的清淨本質使念頭得以生起，雖然念頭是無實性的，但念頭會因為心的無礙本質而繼續生起。

下一個階段的檢視牽涉到觀照心的本然狀態、心在改變時、心的覺性。現在，你們必須認知到我們一直擁有這個心，而且心不斷的改變，但是你們也可以讓心安住在本然狀態，當念頭生起或心改變的時候，你們必須覺知到心在改變。覺知非常重要。若心處在無覺知的狀態，這與粗重無明沒有兩樣，心對於改變無覺知將一無是處，因為它仍在妄想中擺盪。如果覺性在，就是在禪修；如果沒有覺性，就沒有禪修。當最後到達大手印的層次，覺性就可以不作意的修行，這就是密續中西藏和印度大師所謂的五道之一，也就是「無修道」，自然而無須巧思地就發生了。

讓我們以海和心來做比較，以進一步思考心的本質。如果心的狀態是海，心的改變是海上的波浪，在本質上，波浪和海是一樣的還是不一樣的？或者是，假設心的狀態是大地，心的改變比喻為樹木，那麼樹木和大地的本質是一樣還是不一樣？再者，心的本質、心的改變、心的覺性是一樣還是不一樣？如果是一樣的，是以怎樣的方式相同的？如果是不一樣的，心的狀態在哪裡？心的改變在哪裡？心的覺性又在哪裡？

　　這種檢視必須依序漸進，這很重要。花幾個星期或幾個月做檢視。首先，你必須檢視念頭的生起、念頭的持續、念頭的停止。在禪觀這些事項一陣子之後，你必須找上師以尋求進一步的指導。之後，你必須思惟心的狀態、心的改變和心的覺性。禪觀這些主題一段時間之後，再回去找上師做進一步的指導，幫助你進入大手印的經驗。

念頭與法身無異

　　在做這項檢視時，我確信你將會認知到心有一種自然無念的狀態，這種自然狀態無色、無形、無相。你會徹底了解心是空性的、廣大的；事實上，心是如此的廣闊，可以比喻為天空或蒼穹；但是，心也是很微小的，因為即使是如小不點般的昆蟲也有心。所以，心無大小，端看你的念頭而定。廣大或微小，心可以像虛空一樣周遍沙界。當心安住在本然的狀態下，無思無念，就可以體驗到心的本質。當念頭在心中生起、心念改變時，這些改變也是心本身。例如，當浪頭從海中生起，波浪在某種意義上是與海不同的，但是在體性上都是水，在這層意義上，它們是一樣的。

　　因此，在噶舉的傳承裡，念頭（藏文：namdok）被認為是心的改變。但是在本質上念頭與法身無異，因為念頭在本質上就是這樣，因此，覺知到心的狀態和心的改變者，就是心自身。如果沒有覺知，就沒有禪修，就是妄念；沒有覺知，安住在心的狀

態下是無明，而心的改變只是念頭。但是如果有覺知，心的狀態就是禪修，心的改變也是禪修，因為心的狀態、心的改變、心的覺知三者是一樣的。

　　當你們禪修時，不要想著要有好的念頭並遠離壞的念頭，也不要想要停止念頭或追逐念頭，而是安住在一種狀態下去覺知念頭的生起。以這種方式，當壞的念頭生起，它們是從心的空性之中生起，並且消逝在心的空性之中。好的念頭也是一樣。這種檢視程序可以運用到其他許多人格和生理學的領域。例如，你的欲望和憤怒情緒是從同一個心生起的嗎？或是從不同的心生起的？讓你產生如此愉快和不愉快經驗的色、聲、香、味、觸，是來自同樣的心還是不同的心？

　　當你花點時間徹底檢視這些問題時，終究會得到一個結論以型構出了悟的階段。在了解諸法自性空之後，你會知道心的本質也是空性的，遍及於一切；就像這樣，是法身所在。當你認知到心的清淨本質也是其本來狀態，就知道這樣的清淨就是報身所在。對一尊佛而言，他安住於自在的法身狀態、清淨心、報身所在，擁有了知過去、現在、未來三世的智慧。當認知到許多念頭都是由心的無礙本質生起，也會了解到化身的無礙本質。諸佛為了利益一切眾生而以化身的狀態化現為普通人或是至高的生命狀態，完全是因為清淨心的無礙。

　　偉大的導師，噶舉傳承之父帝洛巴濃縮大手印教法為「無散亂、無心思、無禪修」。他的意思是什麼呢？「無散亂」是指心安住在完全覺醒的狀態，不管什麼念頭或念頭有沒有改變，心不

散亂，總是覺醒的。「無禪修」的意思是沒有好壞的念頭，沒有一件事是勉強或是作意的，覺醒完全是自發的。「無心思」的意思是當心安住在本然狀態時，沒有需求，也沒有做什麼事。

如果你們以這樣的態度禪修，清淨染污、累積福慧，當你接受上師的加持時，所有的努力將會瞬間結合，將大手印的修行帶向果地。但是在禪修的道路上會有一些意想不到的陷阱。此處禪修意指你開始接受皈依三寶和三根本，接著發菩提心，以虔敬心修習觀音本尊法門，緊接著修觀音觀想和念咒，觀想上師坐在你的頂輪上，以虔敬心祈請他的加持，使你自發地生起無因的覺性。接著觀想上師融入光中並融入於你，在這種狀態下，你與上師無二無別，這時你可以開始檢視或觀照心的本質。最後，當然，結行時迴向功德給一切眾生。

有時候在禪觀自心一段時間後，你會發現念頭和情緒迅速的一個接著一個，之間似乎沒有空隙。當這種情況發生時，以內心中的一個動作切斷這種雜思，並保持在無散亂的狀態。或者，在禪觀時，你發現自己處在一種沒有強烈念頭的狀態，覺性沒有出來，心處於黑暗和陰沉中。這是昏沉生起的現象，你必須立刻切斷。接著，你必須強化並收緊覺性，在一種與空性和清淨不分離的狀態下保持清醒。

有時候做這種禪修時會生起一種很像睡覺的狀態，此時的心變得完全昏沉。這樣的狀態或是這種禪修是完全無益的，不論是修止或修觀。如果你能讓心安止在沒有散亂的空性狀態，非常明確卻難以形容的清淨，那麼這是有益的禪定狀態，這種進步的階

185

段將會得到許多成就。

　　禪修時，如果行者對於心的本質有一種了解，對真正的智慧也略有所悟，那麼這是一種觀的修行。若能以這樣的態度禪修，弟子會變得覺醒，而且會認知到心的本質是空性的，廣大如虛空，這種空性的特質是清淨的或光明的，了解這點之後，就可以更進一步了。在這樣的了悟中，明白顯示清淨和空性是不可分的，其本質就是無礙的覺性。當認知了這點，如果行者不停留在概念式的狀態，而是在一種完全遠離任何操控或巧思的狀態，就算是開始修行和了解大手印了。讓這個知見圓熟並達到佛性圓滿開花的頂峰，這有一些含義。思惟心的本質之不同面向，在證悟的剎那變得盛開的花一般，也就是說，心在本質上是空性且無形的，猶如虛空一般，亦即當體驗的剎那，心是無所不在的，而佛的心識也是如此。一個覺者的覺性可以延展到無所不在，沒有限制，沒有中心，也沒有周界，因為它不遵守這樣的規則，這意味著一種周遍一切、無所不在的覺性，稱為法身。

　　心有一種光明的潛能讓我們有知道的能力，同時也具有周遍一切的特質，只要有空間，那空間一定是光明的；只要有心，那裡就是清淨的；只要有無礙的覺性，那裡就有光明。達到圓滿佛性的人，心的覺性是無礙而流動的化現，完全展現，是超越而全面的覺知。這有兩個面向，一個是質的經驗，覺知所有經驗和現象的本質；一個是量的經驗，覺知所有微小的細節。全知不只是明確知道輪迴的特點，也了解所有潛藏的本質。

　　所有的定義都只是心智的建構，是有關覺悟本質的概念。由

於覺悟是超越所有心智的概念，所以無法說清楚它是什麼，更別說去分析解脫是由什麼組成的，但是，解脫是避免我們無止盡的流轉於輪迴之輪，因此，試著去描述覺悟這件事仍是有意義的。這樣做，我們自然地會說覺悟是一種共同的也是個別的經驗，既非一亦非別，而是彼此相依的。每一個眾生成佛時體悟的都是相同的事。佛與眾生並無差別，他們的覺性在本質上和每一個細節上同樣是全知的、周遍的、光明的、無礙的經驗，否則，成佛就不能被說成是全知了，因為這樣一來就有人會認為成佛並不圓滿，但情況並不是這樣。

大手印三階段

關於大手印，一般說來有三個階段：根大手印、道大手印、果大手印，二者合併或成就即是佛法八萬四千法門的整個序列。認知根大手印之後，行者進行一段時間的修持，這個修行就變成道大手印。接著，當上根者徹底而完全了解大手印後，就得到了果大手印。根大手印是所有大手印的基礎，指出了心的本質。在藏文中，大手印這個字有四個音節。個別的分析如下：第一音節洽克（chak），意思是手，與空性的印記有關，意指所有的現象都是非實存的。第二音節賈（ja），意指諸法和所有經驗沒有超越空性也不異於空性的事實，因為這項了悟是非常廣大而深奧的。後面兩個音節千波（chenpo），意思是大的。這就是藏文 chakja chenpo，梵文 mahamudra，大手印的意義。

但是，得到大手印的意思不是說「所有東西都是空的」或「所有這些都是空的」，而是你必須認知空的印記就是空性，這是必須去了解和體驗的東西。但這個空是什麼呢？檢視《般若經》解釋有外空、內空、內外空、大空、小空等等，總共有十八種空要了解，這十八種空的細節解釋超越了此處所要討論的範圍，而且也必須在修行一段時間且有更深層的了悟後，才有實際的用處。

不了解心的本質是空性、清淨、無礙的，根本問題在於這顆心的經驗是非常不同的。如果我們對心有直接的理解，那麼就沒有個別的業和因，例如，心臟病發作是由於強烈的情緒等等，這種事只有在經驗到它們爲一種現實，而其實並沒有任何眞實之物時才會發生。業是根植於二元的妄念。業能夠有效的唯一理由是因爲二元有效，不論是因爲我們說或認爲有效，還是因爲我們就如此經驗。身爲有情眾生，我們並不是完全與業分開，也不是因爲我們各自獨立存在，所以遠離業；而是只要執著於「自我」是眞實的，因而認爲諸法如同自我一樣都是眞實的，那麼業就有一個根據可以發展。

實際上，業的程序究竟上並不是眞實的，但在世俗的層面上則是有效的。只要誤解業還存在，業就會繼續發展。一旦我們對非二元的覺知狀態有直接的體驗，業就不再製造了。業沒有獲得增強，也就不再有效了。爲什麼？因爲妄念的支撐沒了，業便已失去存在的基礎。情緒不穩定所引起的身體表現也是同樣的狀況（例如因暴怒而引起的心肌梗塞）。只有當我們想到「我是眞實

的」、「這是真實的」、「情緒是真實的」，妄念就有了依靠，當然也就提供了力量使得世俗情境真實。

究竟上說，就只有空性、清淨、無礙的心的本質，但是我們的經驗卻已經複雜到一種地步，活在以自我、你、他們為架構的二元世界，使得我們反應：「我對他們非常生氣。我的憤怒是如此真實。我有心臟病。我死了。」很顯然的，由於我們認為自己的第一經驗就是實相，這種無明便導致了痛苦。但是，如果不再需要認為發生的事情就是究竟實相，這就不再是個問題。雖然覺性的潛能是存在的，但如果沒有體驗到無礙的心性，我們便依然徘徊在認為一切都是真實不虛的感覺中。

假設你作了一個夢魘：獅子、老虎和豹正在追趕你，試圖抓住並把你吃掉。我們很自然的會對這種夢境感到害怕，因為如此害怕，以致突然驚醒，心跳加速，汗流浹背，這是因為我們把這夢境當作是真實的。但是面對相同的夢境，當獅子在追趕你時，你也有可能這樣說：「喔，這只是夢而已。」接著你可以把頭放進獅子的嘴裡，而且很確定的，什麼事也沒發生，因為這只是夢。如果我們不了解真相，就會判斷錯誤，所有的問題因而產生。這就是輪迴。但是，精準的了解發生了什麼事，本能的、自然的了悟它，就沒有問題了，涅槃或解脫就出現了。

在導向覺悟狀態的訓練中，會有某些熱望的特質，當這些特質產生時，會影響覺悟能量的呈現。這並不是說有一個「我」和「你」需要它發生。太陽照耀四方時，並不需要任何人的幫忙，太陽一體均霑的放射，但東西南北接受不均等的亮光。特定

189

的情況會有不同的樣貌，在這個意義上，覺悟有個別的特質。但這不同於我們一般了解的個別性。通常我們定義個別性是說，某種我所有的東西不同於你所有的，因此，我不同於你，因為我不是你，我們認為「如果我是你，我就不是我了，因為我是我而不是你，因此我有個別性」。對於覺悟發生的陳述，這種架構完全沒有必要，一方面，佛性是共通的經驗，所有的佛都經歷同樣的事；但另一方面，在特殊的場合，佛性有特殊的化現。這些陳述都沒有錯，也沒有互相矛盾。

有一首傳統詩偈是從法身開始描述的，直接體驗了心的空性，像虛空或天空一樣周遍涵融。詩偈接著描述報身，直接體驗心的光明和清淨，像天空中的陽光照耀。詩偈最後描述一個覺者的化身，直接經驗心的無礙與流動的特質，像彩虹般在各處隨處出現以利益眾生。然而，虛空、天空、太陽或彩虹不會自己想說：「我要在那兒出現，因為你把我隔開。」也不是這樣：很簡單，有一個天空，那兒有太陽、有彩虹出現。同樣的，這是所有覺者得到的共同經驗，可以獨特的方式呈現。化現不需要有像我們一般「自他」的觀念。

此處必須分別勝義諦（絕對實相）和世俗諦（相對實相），前者無法予以概念化，但後者可以。任何可以用理智予以概念化的東西，定義為世俗諦；無法概念化的東西，則是勝義諦。法身是勝義諦，其經驗是絕對真理或究竟實相。而世俗或相對真理則是可以用概念架構予以限定的東西。我們只能大約理解開悟是怎麼回事，因為有情眾生仍然受到顛倒妄想的限制，所以沒有能力

另做其他。

我們總是以有限制的覺知、顛倒的狀態行事。如果我們有全方位的覺知來描述開悟，也就開悟了。但因為我們缺少這項特質，所以也欠缺精準描述這種經驗的覺知。不過我們仍可以開始討論它。當我們用佛或佛性這個字時，這就是我們要努力的目標，這些術語給我們一種概念，是心中限制、隱藏、負面、晦澀的消除，以致心的潛能是可以完全綻放的。或許這是對於成佛最簡潔、最精準的陳述。

在佛教傳統中，我們發覺關於佛性的陳述，就好像一個人從沉睡中被喚醒一般，或是束縛被解脫了。這個覺醒可以使意識無限伸展，能夠無所不知，一些與生俱來的能力實現了，就好像蓮花盛開一樣。對於所謂的成佛，我們無法超過這些解釋或描述而予以精確的敘述，因為我們還沒有到達那樣的境界。

心靈發展的修行過程，某些特質和元素不只是需要，而且是非常重要的。其中之一是必須對法的原則和目標，以及上師所教示的方法具足信心。慈悲心讓我們對眾生親近如父母，你花越多的能量在開展信心與慈悲心上，對修行就越有幫助。你在生活中嚴守戒律，這些日復一日善行與不善行的抉擇，也是修行中不應被看輕的重要因素。

探究心的本質還有一項重要因素，就是內觀以及現觀的修行。行者可以檢視或分析經驗內修觀，也可以深一層直觀心的本質和經驗的本質，或是只單純的讓空性、清淨、無礙的覺性生起。不管哪一種方式，行者開展這些特質是非常重要的，必須將

191

大部分的心力專注在這些修行上。

當開始認知到心的本質時，你應該立刻觀想釋迦牟尼佛以及一切菩薩，尤其是根本上師，因為他們已經圓滿覺悟了知心的本質。接著，你可以進一步思惟這是多麼美好的事。此外，如果你能自然生起對諸佛菩薩不間斷的祈請，並對祈請文充滿信心，就很容易達到目標。

這樣討論的重點是要使這些觀念能實用，成為修行過程的基礎，因此，行者可以因這些教法而得受用，並開悟成佛。當這些狀況顯露時，將會產生一種感覺，傳給你大手印的上師要比十方三世諸佛更慈悲，即使這種感覺的生起是因為行者並未碰到諸佛，也未從諸佛手中接受大手印的教法，然而，此刻根本上師是最慈悲、最美好的。就是透過根本上師的仁愛與慈悲，賜給了你真正的解脫之鑰，一旦你接受了大手印的教法，就好像手中已經拿到了鑰匙。

一個人如果了悟心的本質，結合完全的、無私的慈悲心和不可思議的虔敬心，以及對法教的感恩心，很快就能成佛。因此，即使一個人在聽聞解釋時，不能完全了解大手印的意義，在接受教法的當時也是一種加持，因為它在行者與教法之間製造了一個連結，未來因緣到時，果實便會成熟。你具足信心想研讀這些教法，而且也已經研讀了，這是非常美妙的，是功德的來源。因此，請與我一同將此功德迴向一切眾生，無一例外，願他們都能究竟成佛。

10.

三昧耶與法的挑戰

善巧運用禪修方法

也許，你們可以活到一百歲，但人的生命是短暫無常的，死亡到來時刻完全不能確定。這就是現在要勤勉修行的理由，尤其是我已經解釋過的咒語念誦，因為你們擁有沿著心靈道路成長的機會，而這個機會何時會消失或何時還會再有，你們完全沒有概念，因此，我們必須善用每一刻來認知並勤勉的運用。在日常生活中，從事世俗的活動、懶惰、錯誤的禪修經常會打擾我們。現在一一來檢視。

不論是出於天真或是不了解，懶惰都會使一個人易於忽視完成特定活動的重要性。即使了解這個特殊活動的重要性，懶惰也會過濾掉興趣，而沒有意願去從事，最後仍是毫無成果。懶惰不會自限於世俗的事，心靈的事也一樣。有人或許不了解修行的內容，也可能了解但沒有真正在意去落實。前者的情況是，懶惰來自於不了解心的連續狀態，或是由於拒絕接受或相信這個事實。如果我們不了解心是從一個相對狀態轉到另一個狀態的延續，就無法了解心的經驗是如何影響到我們的行為。缺乏這樣的理解，一個人便不會有修行的動機，因為這種動機必須對心有了解後才會自然生起。不了解轉生善趣或惡趣的不同可能性，或是不了解特殊的業會導致快樂或不快樂、喜悅與痛苦等狀態，就無法有一個架構引起一個人要發心修行。

發心要透過了解來啟動，在心靈層面上透過了解，更能直接對治懶惰。當我們越了解有情眾生的有限性（又是如何能受到修

行的影響和改變），認爲修行沒用或無法修行的感覺就會減低，度衆生的意欲也會越增加。發心越多，從事正業的行爲也會越多，結果的機會也就越好，在心靈道上的發展將會帶來很大的利益。

禪修時，心的昏沉會阻礙進步。當一個人在睡覺時，因爲心陷入昏沉狀態，警覺性會消散，在這種情況下是不可能禪修的。但是，即使禪修時處於正常的清醒狀態，也可能失去警覺性。傳統禪修教法對於警覺性有許多不同層次的語彙。第一個稱爲思考，是指俱生覺知的火花變得昏沉。第二個稱爲茫然，是指當昏沉變得濃的心理狀態，會使事情變得更粗重、更模糊。第三個概念近乎空白，意指眞正朦朧的狀態。因此，當禪修被昏沉障礙時，行者生理的感覺可能還是醒著，但心卻睡著了，這就全無警覺性。如果任何人處在這三種狀態，眞正的禪修當然是不會發生的。事實上，任何禪修如果有這種狀態出現，只能說是一種無明的禪修，因爲這種禪修只會強化心的昏暗和愚痴而已。

眞正的禪修，無礙的覺知狀態是必須的，這樣禪修才會有寬闊的品質和清淨透明的經驗。這是一種尋伺的經驗，不需要思考「這是空性，這是光明，這是清淨」，相反的，這是很容易認知的，就在那兒被經驗著。但這並不是說念頭不會生起，因爲念頭的確在心中生起。事實上，禪修時，我們就是覺知念頭的生起，但是覺知不被念頭轉移。並不是念頭生起時心變得散亂，過一會兒才知道剛剛生起了一個念頭；而是當念頭生起時，覺知念頭的生起和停留，沒有被念頭的生起和內容所轉移。

西藏有一句諺語說，對睡眠最好的介紹就是「枯禪」，意思是如果一個人在禪修時昏沉，會直接導致與睡眠無異的狀態。事實上，這個昏沉是睡眠與清醒之間的橋樑，被認為是模糊地帶，是一個人在枯禪時進入朦朧的過度狀態。清醒意識與睡眠的區別在於多一點覺知，因為清醒也意味著身體的活動。同樣的，清醒意識與禪修意識的不同在於覺醒所呈現的品質；禪修的狀態是赤裸裸的覺知。

有這麼多人抱著強烈的熱誠修法，的確非常殊勝且不可思議，他們修行都是為了能得到佛果。但是，最常見的抱怨就是「我沒有時間」，這的確是事實。你們需要錢，因此必須工作，被工作佔去了大部分時間。此外，還有些時間被私人的需求所佔據——你們必須吃飯睡覺，還要看電視電影，加上還有好多好多事要做。還有，因為你們非做這些事不可，以致於沒有時間修法。但是，如果你們禪觀這珍貴人身的稀有難得，而無常是這麼地確然，接著認知到這個事實，就會發覺自己有的是時間。為什麼？因為你們將知道在我們南瞻部洲世界的生活需求可以非常簡單而容易滿足。在基本的層次上，我們絕對需要吃，而且絕對需要衣著和庇護所，這三項基本需求，加上強烈修法的意欲，我們可以成為很好的修行者——如果我們肯花時間的話。

你們最好問自己：在某一時刻，我是否要離開這個世間進入洞穴修行？嗯，這不是個壞主意，而且無傷大雅，但很實際。我們之中有多少人準備捨棄一切像密勒日巴一樣獨自去修行？身為西方弟子的老師，我不認為這是明智之舉。這樣嚴酷而長時的隱

居是沒有必要的，還是可以一方面修行一方面從事世俗事務，這樣，靈修和俗務的結合能夠讓行者非常善巧的發揮才能。

　　理想上，如果我們從事某些重要的事，像是發覺心的本質以得到某種有意義的體驗，通常需要花一點時間和努力。一個弟子和老師至少要相處一個月，以便弟子能夠熟悉禪修經驗，並帶領他通過這個經驗。一個月的時間是比較理想的，但即使一周也行。我們是藉著開展禪修的方法為開始，這是一種完全放鬆以及全無期待的覺知狀態，是禪修的基本。我們被反覆灌輸心的空性、清淨光明、無礙的動態化現，如同覺性就是心的究竟本性。

　　就這一點，我們可以很容易經驗到心的本質。記住，身體的姿勢很重要，尤其是首次禪修，因為挺直的姿勢比較容易生起這種經驗。現在，用一座禪修的過程來檢視心，試著去發現心是什麼，以及去定義心：它是什麼形狀、顏色，或以類似的方式去體驗。或許你花了一年的時間卻沒有任何進展。為什麼？因為你什麼也沒發覺，你沒有發現任何的形狀、顏色、大小、位置，或是任何侷限性是可以歸因於心的。所以，停止嘗試吧！

　　倒不如讓心安住在其本然狀態——一種寬闊的覺知狀態。我用「寬闊」這個詞，是借用它如同虛空般周遍一切。我們不能說虛空是從這裡開始、在那裡結束，也不能說心是根據這些侷限性來表現。基本上，心是周遍一切的，周遍覺知的每一個層面，因此心的本質是開放的、寬闊的、無形無相的。要生起這種經驗，只需要讓心處在一種完全無期待的放鬆狀態。所以，無須任何努力、無須對心施以任何力量、無須對心做任何事，只要讓心

197

體驗它俱生的、寬闊的空性。

這種經驗的特質是一種可以認知的廣大空間，其中充滿光明。在任何特定的空間，如果沒有太陽、月亮、光明的來源，便是一個陰暗的空間，什麼也看不到。相反的，如果有光明的來源，如太陽、月亮或其他人工光源（像是燈泡），那麼空間就會是光明的。我們說這空間是光明的，所以空間和光明兩者不能分開。我們可以清楚看到心有一個光明的空間。這種禪修方法的重點是要了解，所謂無形無相的體驗不僅是寬闊的、空性的特質，而且有光明的特徵，這種清淨是心能夠無礙知道的能力，因而沒有任何事是模糊或不知道的。這種清淨和透明也是心的體驗之一，我們稱這是心的明性。還有一件事要注意的是如何運用這種禪修方法。

描繪心的本質，不只是指心的寬闊特質，還有心的澄明與清淨。雖然心具有清淨、無形無相、寬闊的特質，但仍可能處於恍惚狀態，沒有任何念頭或動力發生。稍早說過這是「枯禪」，是一種非常昏沉的經驗，心的動態、無礙的化現忘失了，所以生不起任何東西。這種動態的化現也是心本質的一部分，在寬闊無邊與清淨澄明之外的經驗。這種警覺或覺知，事實上可以顯現有意識的、概念式的念頭。當一個人正確的禪修時，是完全可能思考的，重點是，當念頭生起時，心必須警覺或覺知。因此，當我們用這種方法禪修時，會有一種廣大寬闊、清淨澄明的經驗，同時也有覺性流動的火花。覺知念頭在心中生起，雖然名義上有好的或壞的念頭之分，但卻只是火花的呈現。念頭的性質和內容不是

重點，覺知才是重點。

我們先前討論過，從無始劫以來，心已經經歷過無數次的轉生，如果未能成佛，心也會繼續經驗這無止盡的輪迴。但是，成佛和抵達心的直接體驗並不意味心消失了，相反的，是所有無明的遮障消除了，心的俱生潛能圓滿化現開展了。成佛絕不能誤解為心的消失。成佛時，心沒有消失、沒有切斷、也沒有分解。行者不管有沒有覺悟的體驗，心一樣是無止盡的空性、清淨、無礙。對有情眾生來說只有一種情況——繼續輪迴或是涅槃。

法教在西方開花

過去二十年來，我多次被邀請到北美和歐洲，在去過許多次之後不禁開始思考，也許我太老了，不能夠到處旅行，而且懷疑再去的智慧。我有機會和十六世大寶法王嘉華噶瑪巴談到這件事。他剛從西方做最後一次弘法回來，很自然的跟我談到出訪的經歷。他說到，過去到亞洲以外的地區弘法，每次出國都看到越來越多藏傳佛教的上師在舉辦法會。他注意到單單是噶瑪噶舉的傳承，全世界有超過三百二十五個中心，因而覺得這些中心需要不斷的指導來源，尤其是那些有興趣的人要能夠繼續修行，但是因為他的健康已經不允許了，所以鼓勵許多重要且知名的上師回到西方做進一步的指導。

大寶法王鼓勵我回到西方，他說：「卡盧仁波切，我要你回到西方去。我要你承擔起這個，即使你老了，但是有許多中心需

要教法和指導，如果你能盡可能多走訪一些中心，對眾生將會有很大的利益。」

在西方，有許多可以提供援助的活動，因此，當這些需求與大寶法王的要求相契合時，便促使我決定回到西方去。你們也許會質疑是什麼樣的活動需要我親自督導，答案是，我所關心的議題之一是建立一個三年閉關中心。在中歐、北美東西沿岸已經有幾個中心；夏威夷、紐西蘭、南美已計畫興建幾個中心；在北美和歐洲大陸也希望能增建一些閉關的設施。大部分的閉關中心，十位男眾、十位女眾，加上兩位伙房服務人員，以及閉關的常駐喇嘛，就可順利進行三年的閉關，他們最近已經進行這個長期而密集的修行了。

對西方人來說，為期三年的閉關是很新鮮的東西，覺得很奇怪，甚至認為有點做過頭了。但對許多亞洲人而言，一點也不足為奇。對於西藏人，閉關是優良文化的一部分，許多西藏人一生中都會選擇某些時候投身於閉關。最後，則是相當正式的三年三個月零三天的閉關修行。在這樣的閉關中，行者不能離開閉關中心，也不能有外人來訪。行者被隔離一段時間，將所有的時間和能量，不受打擾的投注於修行佛法上。在金剛乘的修行中，這種方式是非常有用且重要的。

你們或許會想，在這麼長時間的隔離下閉關，究竟可以做些什麼。當我們跟隨噶瑪噶舉或香巴噶舉傳承所建立的三年閉關課程時，行者是從基本修行開始，接著才進行不同的本尊密續儀軌修行，最後要修行那洛六瑜伽的進階密續技巧、大手印等。在這

三年三個月零三天的期間，對於行者的研習和修行有一個嚴謹的評比，以便知道他在金剛乘修行技巧頻譜中的程度。

這段時間，閉關者盡己所能地吸收所教導的修行方法，也可以選擇今後他要專修的特殊法門，有些人可能因此就剃度並繼續修行的路；有些人回去進行下一次的閉關；有些人選擇繼續進修以便成為一位上師，具格指導他人修行，並弘揚佛法；有些人則回到閉關前的生活中。閉關結束之後決定做什麼，是很個人的決定。重點在於這樣的閉關中，一個人必須盡全力全心只投身於佛法的修行。

這些閉關中心存在的事實，以及有越來越多的閉關中心成立，反映了佛教在西方的發展。一九七一年，我初次到歐洲和北美時，佛教對大多數西方人而言仍是很新鮮的，當時只有少數的中心和法會活動，但是過去十五年來已經有一點改變了。西藏有一種說法：「如天壤之別」。我也認為我初次到西方訪問以及現在所見，真是「天壤之別」。我發現許多人儘管遭遇到文化和實質上的障礙，但已經對佛法產生興趣。那些致力於讓這項傳統遍及西方世界的男女，在社會上雖然不見得有錢或是有影響力，然而，他們充分參與並聚集成一個團體，盡力維繫著這個中心，為法教提供一個入門，讓法教得以成長和弘揚。看到這些努力，我想起了密勒日巴以及他在修行道上所歷經的考驗和磨難，看到許多西方人士從事類似的奉獻而甚感鼓舞。

佛教得以在西方弘揚，有幾個因素可以解釋。首先是一神論的傳統發揮了影響力，它的觀念曾深深浸透西方文化，當他們

開始接觸佛教時也採取相同的態度，這兩者對於靈性都需要信仰和信心，存在著相同的重要性。還有一個相同點就是強調對他人的慈悲與愛，並且重視布施和道德的基本特質。雖然內容有點不同，但這些觀念導致歐美的傳統，至少在某種程度上，在修行佛法時表現了相同的意圖。

另外一個因素是西方國家教育和知識的普及程度，整體而言，比低度開發國家高出許多，有更多機會去開發智識潛能，這在理解深奧的佛法上是很重要的。眾所周知，在邏輯性和內在架構上，佛法令人印象深刻，尤其當我們了解這個傳統的各個不同面向時。同時，藏傳佛教在修行道上，不論是在各層面的修行次第以及九乘的發展，也都呈現了其完整與深奧。

西方人或許比其他文化的人更準備好了能了解佛法究竟在講些什麼以及涵義。因此，我覺得一神論傳統中仁愛價值的影響，加上西方人普遍的教育和知識水平，在佛法過渡上扮演了關鍵角色。

在我旅遊亞洲之際，注意到有些國家幾世紀以來，佛教已經成為其文化的一部分，對佛法有一種同情共感且普遍的反應。當一位上師給予教法時，往往會有數千人參與；當一位法師授與皈依戒時，也會有數百人來皈依，他們都對於佛法有普遍的信仰和信心，而且還有一個強有力的傳統：由有錢人和具有影響力的人贊助。通常亞洲的中心都是由有錢人贊助並照應，因此禪修團體比較少會碰到中心發生財務方面的問題。在西方，中心募集資金的方式有點不同，儘管如此，這些中心仍有功能，也舉辦法會，

會員也在增長中。

　　如我先前所解釋，修行的根本，首先在於捨棄不善行，並實踐善行；第二，開展慈悲心、認知空性；第三，能夠迅速有力的修行金剛乘瑜伽的生起次第和圓滿次第。根據我給予的這三點教法，你們已經得到佛法的精髓。爲了讓你們進一步了解這三點，你們已經有一個中心，這裡有一位常駐喇嘛能夠幫助你們有所增長。

　　不論你們的智識水平或對於法深刻理解的程度，持續的研讀是很重要的，可以增進你們的修行。一位用功的學生會在大學或學院選讀一些課程，直到得到學位，接著會在工作上運用所習得的學識。同樣的，在尋找初修行佛法的基本原理後，你們可以根據上師的教導來增進了解，以這樣的態度，你們將會進一步了解，直到能夠輕易、以完美的態度修行爲止。

傳承的力量

　　西藏人認爲佛陀的法教是一種內在的法教，因爲這些法教關係到內在層面的經驗，清楚明白的聚焦在那兒。這並不是說其他外在層面的經驗就不必管了，而是說，這些法教集中在對心的了解，專注在心。

　　幾世紀前，當這內在的法教從印度被吸收到西藏文化中，發展出一些不同的傳承，經過幾位國王、譯經師、上師的行動，以及幾代的傳承，使得佛法得以成功移植到新的土地和文化中。

雖然所有的傳承都是代代相傳源自於佛陀本人可信的源頭，但在方法上仍有些微不同，而且名稱也各異，例如寧瑪派、噶舉派等等。派別的發展是由於這些法教傳到西藏時的特殊情況所致。上師介紹給弟子的名相雖然產生了表面上的差異，但是根本方法仍是相同的。經典和密續、外在的和內密的法教，同樣受到各派的尊崇與教導。

在西方，同樣的過程開始了，而且一開始可能出現混淆的情況。對你們而言要斷定從哪裡開始、研修些什麼，可能有點困難。更有甚者，面對浩瀚與不同的方法，要知道何時該做什麼是很不容易的。我覺得要對當前的、無常的、珍貴的人身做最好的利用，便必須對根本上師具足信心。認知到三寶只是根本上師的部分：根本上師的身是僧、他的語是法、他的心是佛，我們對上師應該有信心。再者，認知金剛乘的三根本，我們具足這樣的知見：根本上師的身是毘盧遮那佛、他的語是空行和護法、他的心是本尊。以這樣的方式來思惟，我們將對根本上師具足信心，因為他結合了三寶和三根本的精髓。

一根電線，不管多長，都能攜帶電流從發電機到電燈組具，因此燈泡能夠發亮。如果電線損壞或在任何地方被切斷，燈光立刻消失，因為發電機的力量不能透過損壞的電線來傳送。同樣的，來自於覺悟上師的力量是透過沒有任何損壞的電流，他能在任何時候展示完全的力量或完全的覺悟。

根本上師是金剛乘的觀念，在小乘和大乘，我們依靠導師和善知識，在這兩個傳統中，導師和善知識都是非常有益的，因為

他們在修行道上提供了很大的幫助。在金剛乘中，這個角色由根本上師和傳承上師所扮演。根本上師有什麼確切的利益呢？就像把一張紙放在陽光下，即使陽光很熱，紙也不會燃燒。但是，在紙上以放大鏡聚光束於一個點，這張紙不消片刻就燃燒起來了。我們藉著連接傳承的力量，即根本上師，如同放大鏡一樣，在弟子身上聚集傳承的精神能量，就在當下。根本上師傳遞著傳承的精神能量，給予加持、灌頂、教法等等。傳承是指加持的傳承、灌頂的傳承、教法的傳承、著述權威的傳承、了悟經驗的傳承等等。如果所有上師是從金剛總持以降的傳承枝幹，而這傳承又完整無間斷，你就可以直接透過傳承接受到那些加持、灌頂和經驗，就好像直接從金剛總持那裡接受到這些一般。

根本上師是連接行者和這些傳承的人，這些傳承包括必要的知識、覺性和清淨。例如，噶瑪噶舉傳承的枝幹，從法身佛金剛持以降的大手印教法傳承，經過洛卓仁千、薩惹哈、龍樹、夏瓦禮、彌勒巴、帝洛巴、到那洛巴，這些都是傳承的奠基者，都是古印度時代的人。十一世紀時，由於大譯師瑪爾巴的努力，讓這個傳承傳到西藏。瑪爾巴是那洛巴的弟子。從那時起，這個傳承由瑪爾巴傳給密勒日巴，接著岡波巴，從岡波巴以後的傳承如下：

噶舉傳承的創始者。上排圖中薩惹哈，洛卓仁千的弟子；上圖右龍樹
菩薩；上圖左夏瓦禮，兩人都是薩惹哈的弟子。中排圖中彌勒巴，中
圖左帝洛巴，中圖右那洛巴。下排圖中瑪爾巴，下圖左密勒日巴，下
圖右岡波巴。（西藏木板畫，二十世紀早期作品）

杜松虔巴	第一世嘉華噶瑪巴
卓岡仁千	杜松虔巴的弟子，永樂賜名泰錫度仁波切
彭札巴	卓岡仁千的弟子
噶瑪巴希	第二世嘉華噶瑪巴
烏金巴	噶瑪巴希的弟子
讓炯多傑	第三世嘉華噶瑪巴
甕敦巴	讓炯多杰的弟子
若佩多傑	第四世嘉華噶瑪巴
卡確旺波	第二世夏瑪仁波切
德新謝巴	第五世嘉華噶瑪巴
雷那哈德	德新謝巴的弟子
通瓦敦墊	第六世嘉華噶瑪巴
蔣佩桑波	通瓦敦墊的弟子
巴究敦珠	第一世嘉察仁波切，蔣佩桑波的弟子
確札嘉措	第七世嘉華噶瑪巴
札喜巴究	第一世桑傑年巴仁波切
米究多傑	第八世嘉華噶瑪巴
岡確顏拉	第五世夏瑪仁波切
旺秋多傑	第九世嘉華噶瑪巴
確吉旺秋	第六世夏瑪仁波切
確映多傑	第十世嘉華噶瑪巴
耶喜寧波	第七世夏瑪仁波切
耶喜多傑	第十一世嘉華噶瑪巴

確吉敦珠	第八世夏瑪仁波切
蔣秋多傑	第十二世嘉華噶瑪巴
確吉炯聶	第八世泰錫度仁波切
督圖多傑	第十三世嘉華噶瑪巴
確珠甘措	第十世夏瑪仁波切
貝瑪寧千	第九世泰錫度仁波切
德秋多傑	第十四世嘉華噶瑪巴
羅卓泰耶	第一世蔣貢康楚仁波切
卡洽多傑	第十五世嘉華噶瑪巴
貝瑪旺秋	第十一世泰錫度仁波切
欽哲歐則	第二世蔣貢康楚仁波切
日佩多傑	第十六世嘉華噶瑪巴
諾布敦珠	日佩多傑的弟子

　　這是構成噶瑪噶舉至今大手印的整個傳承。據說只要聽聞這些成就大師的名字，就會得到很大的加持，染污和障礙都會得到淨化。這支傳承只是眾多支脈匯入藏傳佛教的一個例子而已。每一個派別都有其傳承的支脈，在眾多經續的論述、複雜的金剛乘灌頂，每一支都有獨特的傳法儀軌。

　　根本上師必須具備特殊的品質，首先就是不間斷的傳承；其次，他必須知道法的意義；最後，他必須對一切眾生有慈悲心。這是根本上師主要的基本特質。弟子也要具備特質：必須對根本上師有不動搖的信心和虔敬。以弟子堅定的虔敬心，加上具德上

師的指導，行者可以體驗到大成就。

　　但是，如果行者對根本上師產生懷疑，只是偶爾參與活動尊重上師，稍後又詆毀上師，這便已染污了師徒關係，弟子想要成就平添困難。詆毀上師是非常嚴重的破壞三昧耶戒，也破壞了與上師承諾的聯繫，使得觀修更加困難，會使得清淨的金剛慢不穩定。你們或許記得，金剛乘的修行許可，最初是由根本上師在灌頂時授與的。詆毀上師就如同靠廣大的信用度日卻不盡義務一樣。但是，如果弟子維持對上師的虔信與尊敬，三昧耶的聯繫保持堅固，金剛慢就容易穩定。金剛慢穩定的結果，能夠使我們很清晰的觀自身為本尊，在圓滿覺悟的道上快速進步。

　　此外，對本尊的象徵性理解是自然發生且清晰呈現的，而非透過人為的智識培養。例如，思惟觀音菩薩手持的象徵物：上邊手持一朵白蓮花和水晶念珠，胸前祈願的手中做杯形狀持著滿願寶珠。觀音菩薩手持白蓮花象徵絕對的清淨，意指遠離所有不淨，顯示淨化一切眾生的能力。觀音菩薩所轉的水晶念珠象徵他的慈悲事業，鉤召並拉拔一切眾生脫離輪迴苦海。觀音菩薩所持的滿願寶象徵能夠滿足一切眾生的願望，不管眾生祈求什麼，他的給予都能夠滿足。觀音菩薩合起的雙掌象徵他不斷向諸佛菩薩祈願，對一切眾生在修行道上降下利益。當你們的三昧耶是清淨的，金剛慢是穩定的，就能夠進入最細微的觀想。如果你們象徵意義的意識和本尊咒語的念誦是以諸法空相的覺知在進行，那麼心的本質就會完全呈現。而且，透過金剛乘的圓滿之道來認知心的真正本質，你將會很快也很容易成就。

從這冗長的課程中你們可以了解，當我們投身藏傳佛教的修行，弟子運用到的所有方法和技巧都是這課程的一部分。你們將發覺許多有關要開發的特質都是修行的一部分，包括對三寶以及上師的信心、對一切眾生開展慈悲心，以及做一些靈修，像是大禮拜、經行、做不同的祈願、念咒和禪修。這一切都有一個共同的功能，就是慢慢去除和淨化心的顛倒，能夠直觀心的本質。

修行五個道次第

當我們一開始修行時，有一個層次會運用身、語、意的能力去發揮，以開發善業，累積功德。在五個道次第的開始，稱為資糧道，即聚集所有的資糧在修行上，以強化善業、功德並加深覺性。最後，在某一點上，這些行為自然而然成為行者特質的一部分。雖然個別的情況還需要努力，但行者已經能夠有耐心和自制地去修行。

當行者不需要太努力就能夠養成習慣或據以實踐時，便已進入第二個道次第，稱為加行道。當去除煩惱障的程序已經達到一個點，弟子能夠直接瞥見心的本質，這個首次穩定而正在進行的經驗，稱為見道。這個名詞可以這麼解釋：當我們看到新月的一角，即使只有一個朦朧的輪廓被看到，也能夠了知月亮完全在那兒。同樣的，在見道的次第上，弟子對心的本質有直接體驗，它並沒有消失，而是穩定成為個人經驗的一部分。但是，這首次直接的感知並沒有增長到完全的程度，就好像月亮還會繼續增長，

這個經驗也會繼續成長。這個經驗不可能忘記，也不會倒退回到更低的次第。一旦我們對心的本質有直接的經驗，就到達了一個不退轉的地步。在這個點上，即使還沒有覺悟到圓滿的地步，行者也不會失去、忘記或結束這個直接經驗，像一個顛倒沒有覺性的人。

　　不退轉的階段被認為是初地菩薩的了悟。菩薩有十地待完成且是不可辯駁的成就。以此局部但十分重要的發展，菩薩必須經過十地以繼續完成圓滿覺悟，就像月亮透過朔望月的新月慢慢成長一般。最後的結果是消除所有心的無明、顛倒、過患和障礙，心的俱生潛能得以完全顯現，沒有任何的妨害和限制。這就是覺悟，就是成佛。覺悟的圓滿狀態可比喻為滿月。覺者的了悟可以擴大到最圓滿的程度，因此，一個成就菩薩現在是完全覺悟，是一個佛，解脫一切輪迴的痛苦。

　　關於完全覺悟的經驗，那是沒有限制、沒有阻礙的因素，毫無遮障，就是心的俱生潛能完全化現的直接體驗。這是意指遍知的狀態，因為心在本質上是空性的，無法用任何確切和有限的方式來描述。因為沒有東西能夠限制心，心有周遍一切的特質，包含著經驗的各個層面：輪迴的與涅槃的、未覺悟的和已覺悟的。心的俱生明性是它經驗的能力，在成佛時圓滿盛開，一個圓滿覺者的經驗是無限的。明性結合心的周遍性，意即覺悟是一種全知、不受時空距離限制的狀態；過去、現在、未來也不會造成這種覺知的阻礙。此外，心的呈現還有一種動態、無礙的覺知。這種特質能生起慈悲心與愛心，也在此覺悟的經驗中能夠有效的行

211

使四種佛行事業。

　　現在，當我們想到慈悲與愛，是以二元的方式來思惟。如果我們看到另一個人受苦，會想：「喔，真可憐！真慚愧！我應該幫助他。」這不是佛性的慈悲，佛的慈悲是完全沒有參考條件的，與哪一道眾生或哪種特殊的感情都無關，也無關乎對一個人的同情或移情反應。對一個覺者來說，慈悲是不需要思考的，是在那個狀態下自然而發的。當太陽在天空中照耀，便只是照耀，太陽不會想：「好吧，我現在要照耀了，因為那兒需要一些亮光。」不，太陽只是照耀，光就照射四方。同樣的，直接體驗心的本質，意味著慈悲心直接照射四方，不需要任何相關的架構。因此，所有佛性的這些特質——周遍一切的光明與全知、慈悲心、四種佛行事業，都是從清淨阿賴耶的潛能中生起，是內心與生俱來的，只是自由無礙的展現自己，沒有任何不清淨阿賴耶的限制。

　　我衷心祈願你們已經研讀了這些，應該全心全意的去運用，將很快且非常確定會得到解脫。感謝你們，也祝願你們有一個安全的心靈之旅。請你們記得如虛空般無量的一切眾生，都是我們的母親；我也勸請你們迴向此一功德，祈願他們能得成就。

右為十六世嘉華噶瑪巴，左為卡盧仁波切，中為頂果欽哲仁波切。
（謝拉・艾賓提供）

一九五六年卡盧仁波切剛從西藏出來，攝於不丹的一個江秋林寺。
（謝拉・艾賓提供）

一九四〇年代早期卡盧仁波切在西藏。(謝拉‧艾賓提供)

一九六〇年代晚期拜訪隆德寺，中為卡盧仁波切，右為嘉晨喇嘛，左為翻譯謝拉・艾賓，他們在陽台談話。（謝拉・艾賓提供）

卡盧仁波切在一九六〇年代晚期拜訪隆德寺，十六世大寶法王噶瑪巴
舉辦了非正式的歡迎會。（謝拉‧艾賓攝影）

卡盧仁波切和嘉晨喇嘛與一名小和尚在隆德寺的陽台上。
（謝拉・艾賓攝影）

卡盧仁波切在索那達寺的大廳微笑對鏡。（謝拉‧艾賓攝影）

附錄A

給卡盧仁波切弟子與朋友的公開信

關於卡盧仁波切的最後一刻以及後續的宗教儀式

波卡仁波切
嘉晨喇嘛
堪布羅卓東由

香巴噶舉傳承的創始者瓊波那爵，漂浮在上面的兩位是他的根本上師瑜伽女，左為寧古瑪，右為蘇卡西諦。（墨水畫，給噶喇嘛提供，二十世紀作品）

　　以下是波卡仁波切（卡盧仁波切的心子、法嗣）、嘉晨喇嘛（卡盧仁波切的姪兒、侍從）、堪布羅卓東由（索那達寺住持）對怙主卡盧仁波切的所有弟子的一封公開信。由波卡仁波切執筆，這封信是他們與大家分享的經驗。

索那達寺

一九八九年五月十五日

　　一九八九年五月十日星期三下午三點，我們尊貴的上師卡盧仁波切往生淨土。在此悲傷與失落的時刻，為了把仁波切的行儀帶給每一位弟子，我們將提出有關最近幾個月來的相關報告，以及未來幾個星期要做的事。

　　去年十一月，仁波切和寺內的喇嘛們出訪，包括翻譯學會成員，總共約有一百人，到貝魯欽哲仁波切位於菩提迦耶的寺院。仁波切清楚表達希望每個人跟著他一起出訪，因此寺院的僧團組成一個旅行團（兩輛巴士、兩輛汽車），跟著仁波切從索那達寺到菩提迦耶。在安排了這項出訪之後，仁波切到洛杉磯作為期一週的訪問，給予一些灌頂和教法。在那兒，仁波切受邀留在美國以擴大他的影響力，但他仍決定回到印度支持翻譯學會的工作，這是他過去兩年來主要關注的工作。

　　回到印度後，仁波切短暫的走訪了菩提迦耶，鼓勵他的僧團和翻譯學會，並與頂果欽哲仁波切會面。頂果欽哲仁波切正完成一場在噶傑寺的甘露大法會。接著，卡盧仁波切到泰錫度仁波切的智慧林拜訪。過去卡盧仁波切數度受邀到智慧林拜訪，但都沒

有機會去，他感覺這一次能夠在智慧林和大司徒仁波切一起過羅薩節（西藏的新年），同時還能到達蘭沙拉晉見達賴喇嘛，於是便在智慧林停留了大約一個星期。

在那兒，仁波切拜訪了在達蘭沙拉的達賴喇嘛，他們會見了很長的時間，一起用餐，討論一些事情。達賴喇嘛表達對仁波切所行事業的歡喜，並承諾盡一切所能幫助仁波切進行翻譯計畫，並請他的私人醫生為仁波切作檢查，甚為關心仁波切的健康狀況。達賴喇嘛評論道，所有在世界各地弘法的喇嘛上師們，沒有一個人的事業和慈悲是超過仁波切的。

仁波切回到菩提迦耶待了兩週之後，於二月二十二日才和僧團、喇嘛、翻譯學會成員一起回到大吉嶺區。因為仁波切正在沙魯古理（Saluguri）興建一座大舍利塔，他與寺院的僧伽便在那兒停留約三個星期。這段時間，喇嘛和僧團們都致力於用油漆裝飾外牆上的浮雕，並且為佛塔製作十萬個擦查（小佛像）做最後的供奉。同時，翻譯學會仍繼續他們的工作，翻譯蔣貢康楚羅卓泰耶的《寶性論》。這段時間，仁波切每天花幾個小時在舍利塔旁督導相關計畫，健康狀況還好，活動力並沒有減少。

三月二十一日，仁波切帶著僧團回到索那達寺。接下來幾個星期，仁波切似乎越來越衰弱，雖然醫生認為他沒有什麼病症，嘉晨喇嘛、我以及其他仁波切的隨從都勸仁波切到新加坡或法國做更進一步的檢查，但仁波切堅定拒絕在此刻出國。仁波切進食有點困難，身體持續的虛弱。四月十五日，大吉嶺的王迪醫師堅持仁波切必須到西理古理的一家醫院。許多仁波切都到醫院探

223

訪卡盧仁波切，包括嘉札仁波切（寧瑪派的上師，仁波切的親近朋友）、蔣貢康楚仁波切、嘉察仁波切等。在醫院的時候，仁波切的健康狀況有進步，但是他仍拒絕接受轉院治療的建議。兩週後，仁波切決定回到索那達寺。醫生強烈認為仁波切應該再繼續留院三個星期。最後，在我和堪布東由的勸請下，仁波切同意多留一個星期後再回索那達寺。

仁波切在五月五日星期五下午回到家。當他被帶回家時，坐在轎子上，由幾位喇嘛扛在肩上，他微笑著對群眾揮手，很明顯的，他很高興能夠回家。除了回家的第二天早晨，仁波切有短暫的時間接受寺內所有僧眾的傳統歡迎餐會，之後他便繼續嚴格的閉關。仁波切持續著覺性，只偶爾對個別的人開示，並表達對他們的關心。

在這幾天，仁波切的精神很好，健康狀況似乎很穩定。每當嘉晨喇嘛問起仁波切的健康，仁波切總是說他很好。即使外觀看起來身體有點吃力，仁波切卻顯然沒有任何痛苦的感覺。因此，在這幾天，每當問起他的感覺如何，仁波切回答：

> 白天增長如幻的經驗；
> 夜晚增長如夢的經驗。

嘉晨喇嘛和我都認為這是仁波切在陳述他當時的心理狀態。

有一次，仁波切對我表達了他的感觸。他說他已經活到八十五歲了，覺得生命已經圓滿了。一般人是不會以自己的壽命

為滿足的，無不希望活得無限長，而仁波切卻沒有遺憾。但是，他表達了唯一關心的是蔣貢康楚羅卓泰耶的《寶性論》還沒有翻譯完成，或許是他成立翻譯學會的時間晚了些。堪布東由和我向他保證，學會成立得非常好，工作也會順利進行。我們也允諾要看到計畫完成，即使仁波切無法看到它的實現，但這個工作一定會完成，而且也會標示仁波切的名字。

五月十日清晨二點，仁波切的狀況急劇惡化（之後我們才發覺他有心臟病，西理古理醫院的醫生曾說仁波切的肺只有百分之四十有作用，因此在他的心臟裝了一個輔助器），堪布東由立即到西理古理醫院（約三小時的路程）請醫生到寺院來。另一輛車則到大吉嶺去延請上迪醫師，另外也請嘉札仁波切（從他最接近的寺院）和蔣貢康楚仁波切（從隆德）過來。嘉札仁波切和王迪醫師可以早一點抵達。我們也勸請仁波切回到西理古理的醫院，但他拒絕了，他表示可以請醫師來，但他不想離開寺院。當天早晨，在我們都堅持他應該回到醫院之後，仁波切表示隨我們的意。到醫院的一切都準備就緒，行李也上了車，仁波切說想要在他的內室休息一下。當他進入房間時，他的身體仍能完全自主。

進入房間後，仁波切被戴上氧氣罩並打點滴。他的床從牆上拉了出來，仁波切的右邊是嘉晨喇嘛和堪布東由，左邊則是我和嘉札仁波切。仁波切一度要求要坐起來，但醫師和護士並不允許。不久他又說要坐起來，醫師和護士擔心這樣會使情況惡化，又堅定的拒絕了。嘉晨喇嘛覺得不妥，但也無力和醫師辯駁。

然而仁波切仍試著坐起來，但有點吃力。嘉晨喇嘛感覺這可

225

能是仁波切要開始作最後禪定的時刻，如果仁波切不能坐起來，對他的禪定會是一種障礙，便撐起仁波切的背讓他坐起來。仁波切把手伸向我，我也幫助他扶正。仁波切說他要坐得挺直，一邊說一邊用手調整姿勢，但醫師和護士都認爲不宜，於是仁波切些微的放鬆了姿勢，但還是採取了禪定的姿勢。

　　淚水不由自主地從我們的臉頰流下，我們的心感到極爲痛楚。仁波切以禪定姿安置他的手，張開的眼睛以禪定姿凝視外界，他的唇輕微地動了動。深深的平靜和喜樂感安住在我們身上，並蔓延進入我們的心，在場的人都感受到一種無法形容的喜樂充滿，這應該是仁波切心意的投射。嘉晨喇嘛還感受到一縷深邃悲傷的短暫經驗，那是對輪迴痛苦心生慈悲的覺知。我們也感知這是仁波切覺性的贈禮。

　　仁波切慢慢的垂視，他的眼皮閉上了，呼吸停止了。

　　我見過很多人離開塵世，在此時刻，他們的呼吸都會伴隨著急促的呼呼聲，是很長的呼氣或是很長的吸氣，但仁波切完全沒有這些現象，而是非常特別的進入甚深禪定中。

　　醫師和護士試圖用一些特別的方式維持仁波切的呼吸，但嘉晨喇嘛說仁波切不會理會這些，只會平靜的安住。接著醫師便爲仁波切做檢查。

　　嘉札仁波切和我理了理仁波切的衣服並讓他維持最後的禪定。周遭保持安靜，只要維持最後禪定姿，仁波切就能不受干擾的走。一、兩個小時後，蔣貢康楚仁波切抵達了，與仁波切共處

了短暫時間。傍晚，夏瑪仁波切到了，也和仁波切坐了一會兒。他們兩人都感覺到仁波切的色身非常有生命力，好像隨時都會開口說話一般。

第三天早上，五月十三日星期三，所有跡象顯示最後禪定已經完成而且消失了。當我們替仁波切沐浴更衣，他的身上沒有任何塵垢或不清淨，而且身體還保持柔軟與彈性，沒有任何的僵硬。仁波切的身體，現在稱為聖體（ku-dung），安置在一個外飾有織錦的箱子裡，並安放在仁波切的會客室。

在與蔣貢康楚仁波切和嘉札仁波切商議後，決定將聖體做成真身（mar-dung），而不是火化，以確保仁波切永遠和我們在一起。這是西藏傳統的一種慣例，以這種方式，上師的色身會留下全身舍利，作為宗教啟示的根本，上師的事業得以繼續，因為當信眾看到、聽到、觀想、觸摸到真身，並讚嘆這全身舍利，便會增長自己解脫的機會。據說任何方式的接觸都會得到利益，不管這個人的心與真身接觸的程度是正面還是負面，都會受益。以這種方式，真身變成弘法與延長教法的基礎，也成為暫時性與永久性利益眾生的基礎。

在四十九天的時間中，仁波切的僧俗弟子透過一系列的儀式來表達對仁波切的虔敬與感激。聖體（仍放在仁波切的會客室）開放瞻仰的時間是：第一個星期，由蔣貢康楚仁波切和嘉札仁波切主持香巴供養；第二個星期，由泰錫度仁波切主持五密續本尊法會；第三個星期，由嘉察仁波切主持喜金剛法會；第四個星

期，由夏瑪仁波切主持嘉華甘措法會；第五個星期，由貝魯欽哲仁波切主持金剛瑜伽母法會；第六個星期，由年巴仁波切、波洛仁波切、噶旺仁波切、宗南嘉楚仁波切、德雅竹泵仁波切主持勝樂金剛法會；最後一星期，由所有的攝政法子和仁波切主持時輪金剛法會。最後的儀式在一九八九年六月二十八日舉行。

在這些儀式之外，比較高等的閉關中心在第三個星期舉辦五密續本尊法會，第四個星期舉辦香巴勝樂金剛法會，第七個星期舉辦金剛薩埵法會。比較低等的閉關中心在第三個星期舉辦香巴勝樂金剛法會，第四個星期舉辦金剛薩埵法會，第七個星期舉辦五密續本尊法會。閉關中心每晚也會舉辦香巴傳承悲切祈請儀式。

寺院的僧眾也會在主寺舉辦香巴傳承的悲切祈請儀式，並在四十九天中完成百萬遍普賢行願王經的念誦。仁波切認為這項祈願文非常重要，曾經贊助在拉薩的普賢行願品的祈願法會。同時，從六月四日開始，一年一度的千萬遍六字大明咒念誦法會也會在其他寺院舉行。

這七週的每個星期三，在不同派別的主寺也會舉辦供養仁波切的法會。五月十七日星期三，在隆德寺會舉辦噶舉道歌唱誦法會。達賴喇嘛在達蘭沙拉的南嘉佛學院，於五月二十四日會舉辦供養法會。薩迦丹津寺在五月三十一日也會舉辦供養法會。泰錫度仁波切的智慧林在六月七日會舉辦法會。頂果欽哲仁波切的寺院在六月十四日會舉辦法會。六月二十一日，所有在加德滿都的

噶舉寺院（包括秋吉寧瑪仁波切、巴渥仁波切、達桑仁波切、創古仁波切、天噶仁波切的寺院，以及斯瓦揚布納寺）都有供養法會。六月二十八日星期三，將舉辦這段期間的最後供養法會，噶舉的攝政法子和許多其他派別的仁波切都會前來參加這場在卡盧仁波切本寺索那達寺的法會。

這段期間，歡迎仁波切的弟子前來瞻仰仁波切的聖體。每天有兩個時段：早上八點到九點，下午二點到三點，都可以在聖體前瞻仰或禮拜祈禱，這是非常吉祥的時機。如果你們無法在這段期間到索那達寺，聖體會留在這兒直到做成真身，之後也可以供大家瞻仰禮拜。

卡盧仁波切的往生對一切眾生來說是無比悲傷的時刻。娑婆世界因為失去了他而變得更加黑暗、貧乏。他的溫柔、周遍一切的慈悲、智慧的光芒、讓人無法抗拒的幽默感，已經感動了這個世界的心。他內觀的微細、對心與法的主宰，超乎常人所能理解。我們如此幸運能夠與這樣一位成就者相遇並做了法的連結，這是稀有難得的。但是無可避免的，我們都會因為失落而感到深沉的悲傷。

透過仁波切的教導以及我們對法的了解，我們知道所有聚合的現象都是無常的，我們遇到上師的地方是在心的究竟開闊處。上師從來沒有離開我們，也不會離開我們。留待我們該做的是真實的面對仁波切的聖觀、他的典範、他的教法、他的忠告。我們可以這麼做：透過放下悲傷，感謝他給我們無盡慈悲的禮物，透

229

過持守清淨的誓戒以及三昧耶的連結，透過仁波切清楚教導我們成為一個覺者的特質。而且，我們應該至深祈請仁波切很快的轉生人道回來與我們在一起，用這樣的心來做這一切事。

誠摯的祝願大家

波卡仁波切

嘉晨喇嘛

堪布羅卓東由

第十一世泰錫度仁波切錫度貝瑪旺秋，指派卡盧仁波切負責昆桑德千閉關中心（蔣貢康楚羅卓泰耶創設），以及巴蓬寺的閉關中心。卡盧仁波切一直在那兒主持多年，直到一九五六年離開西藏到不丹的江秋林寺。（謝拉・艾賓提供）

第十二世泰錫度仁波切

關於卡盧仁波切的往生

致所有釋迦牟尼佛的弟子，具足信心與勤勉高尚特質的僧俗四眾，我如是說：

此刻，至高怙主嘉傑卡盧仁波切，佛陀教法以及主要傳承的無上持有者，已經完成最大饒益眾生的有意義事業，遍及這世界的東西兩半球。身為所有教法和眾生的守護者，他已經成就了這項啟蒙事業。

在藏曆每六十年一輪迴的第十七個土蛇年第三個月的第五天，在他索那達寺的主座上，他的心進入無限廣闊的法界之中，展現了許多吉兆。

考慮到與尊者有連結的那些人，以及為了增長尊者實現的慧見，會有集體念誦觀音根本咒六字大明咒一億遍的法會，無疑的這將會有很大的功德，只要與此法會做了任何形式的連結，對他的此生與來生都將饒益。這個機會不可錯失，盡一切可能參加這個法會是非常重要的。

以我對三寶的祈求，並以我完全清淨的發心，我，泰錫度，強烈鼓勵你們參與這項功德。

SHERABLING
INSTITUTE OF BUDDHIST STUDIES
P.O. SANSAI. DISTRICT KANGRA HIMALCHAI. PRADESII 176-125 INDIA

卡盧仁波切戴著岡波巴傳承的法帽，於一九六〇年代晚期攝於索那達
寺。（謝拉・艾賓攝影）

附錄B

大悲觀世音菩薩修持儀軌

香巴噶舉傳承持有者之一，西藏瑜伽士唐東嘉波。

（尼泊爾木板畫，二十世紀作品）

大悲觀世音菩薩修持儀軌

以下是對於大悲觀世音菩薩修持儀軌觀修的逐步解說。

此解說是源自尊貴的卡盧仁波切於一九七四年第二次旅訪北美，在加拿大溫哥華的開示。這個教法已被濃縮，以方便禪修使用。

此西藏儀軌的英譯是由謝拉・艾賓完成。

以金剛杵（ ▒▒▒ ）標示的章節是短軌。通常如果時間允許，應該念整個儀軌。

傳統上，念誦任何儀軌之後都會有上師長壽祈請文或速疾轉世祈請文，端視個別的狀況而定。此處則是由蔣貢康楚仁波切所寫的卡盧仁波切轉世祈請文，其中「願您速疾轉世」改成「願您常駐世間」，因為卡盧仁波切的轉世最近已由第十二世泰錫度仁波切認證。對仁波切的弟子來說，這是一個令人歡欣的訊息，這位全新的、年輕的轉世者再一次駐錫在卡盧仁波切的寺院索那達寺。

伊莉莎白・席蘭迪雅

儀軌解說

1. 開始觀想皈依境在你面前，你的兩邊是一切眾生。觀想的同時，生起對三寶、三根本皈依對象的虔敬。

2. 不只是你的根本上師，所有的傳承上師都如同母親對孩子一般，以同樣深刻、熱切的關注看待一切眾生。

3. 勝樂金剛和其他無上密法的本尊有許多隨從，圍繞在中央的主尊。這些都透過上師的灌頂和教法與虔敬的弟子結合，直到本尊與行者之間無二無別。

4. 煩惱敵的征服者，具足一切完美的身體和語音的特質，以及完全覺悟的心，他們是佛。

5. 法是覺悟大師所給予的教導（大部分是釋迦牟尼佛），使一切眾生能找到一條路，抵達圓滿的覺悟。

6. 僧伽是由諸佛、菩薩、阿羅漢等所組成，以及佛陀的聖弟子，和那些繼續持守寺院受戒義務的比丘或比丘尼。

7. 這些都是在修法的過程中，幫助你清除障礙的人，使你能夠創造一個清淨的環境，繼續往成佛的道上努力。

觀音儀軌

皈依

1. 偕同無量諸眾生
   直至成佛我皈依

2. 皈依尊貴無上師

3. 皈依壇城諸本尊

4. 皈依究竟征服者
   十方三世一切佛

5. 皈依究竟無上法

6. 皈依尊貴清淨僧

7. 皈依慧眼空行及護法

儀軌解說

8. 皈依佛、菩薩、羅漢諸聖眾，透過修法，祈請喚醒如沉睡的無明。

9. 藉著修行六波羅蜜（布施、持戒、安忍、精進、禪定、智慧），以累積善行並利益一切眾生，如此自他得以獲涅槃。

10. 大成就者唐東嘉波（Tang Tong Gyalpo）是輝煌的香巴噶舉傳承持有者（尊貴的卡盧仁波切也是傳承持有者）。通常，唐東嘉波被畫成巨大、胖圓的、白髮的瑜伽士，蓄著很長的、尖角的鬍子，穿著寬鬆的袍子。

觀音儀軌

 發菩提心

8.　　　　諸佛正法聖僧衆
　　　　　直至菩提我皈依

9.　　　　以我修誦諸功德
　　　　　不捨六道衆生苦
　　　　　為利有情願成佛。

10. 觀音儀軌是從皈依發心開始的，稱為「大悲觀音為利益如虛
　　空般的一切衆生所做的觀修」。這段內容是由偉大的聖者唐
　　東嘉波大成就者所著，並經他的語所加持。

儀軌解說

11. 觀想自身及一切眾生如無盡虛空的反射，每個人的頂輪上有一朵八瓣白蓮，其上安住著一個平的月輪。蓮花象徵無瑕地在輪迴的泥沼中生起；月輪則象徵圓滿的覺性。

12. 觀音是諸佛的慈悲化現，第一個顯現的是白色的舍（HRI）字，轉變成可以辨認的本尊聖觀音，因此，舍字被認為是他的種子字。進一步的觀想也可以是：當你看到月輪和蓮花上的舍字，觀想舍字放射出燦爛的光芒，作為對十方諸佛的供養。這光芒提醒他們利益一切眾生的誓願，接著他們加持一切眾生。這諸佛、菩薩和有情眾生加持力的光芒，收攝融入舍字，並立刻化現為聖觀音。兩種方法都可以，舍字完全化為觀音菩薩。觀音菩薩的身色一如耀日的純淨白色光芒，是如此光彩奪目，具足五光（象徵他的化身獲得五種超越的覺知）遍照十方。

觀音儀軌

 觀修

11.　　　　　我等遍虛空有情
　　　　　　頭頂白蓮月輪上

12.　　　　　舍字化成聖觀音
　　　　　　白色明淨五光燦

四臂觀音。（西藏木板畫，二十世紀早期作品）

243

儀軌解說

13. 當他以慈悲凝視一切眾生時，以內在的了悟與慈愛微笑著，就像母親對孩子的微笑一般。

14. 他的四臂象徵四無量心：慈、悲、喜、捨。第一雙手臂在心間合掌，持著滿願寶象徵他對諸佛的祈求，祈請駐世幫助一切眾生。第二雙右手持水晶念珠，象徵他帶領眾生出離輪迴；左手持白蓮花，象徵他的清淨與解脫輪迴。

15. 他頂戴寶冠，並佩帶頸環、手釧，全都由最精緻的黃金鍛造，飾以珠寶，象徵已圓滿六波羅蜜及三十七道品。絲質的袍衣覆蓋他的下半身及雙腿，有白色、金色和紅色。他的左肩是柔軟的鹿皮，只有天界才找得到這種飾物。鹿溫馴的本質，象徵觀音菩薩的非暴力。

16. 他的根本上師阿彌陀佛安住在他頂上的蓮花月輪上，以金剛跏趺坐，穿著僧袍手持缽，阿彌陀佛呈現紅色身。他的手掌和腳底有法輪的標記，還具足其他一百一十一種佛的圓滿特質。

觀音儀軌

13.　　　　慈愛微笑悲眼視

14.　　　　四臂首對爲合掌

　　　　　　晶珠白蓮後二持

15.　　　　綢緞瓔珞珠寶飾

　　　　　　鹿皮於肩作披飾

16.　　　　無量光佛爲頂嚴

儀軌解說

17. 觀音菩薩完全靜止安住，以蓮花坐姿安坐，象徵他既不住涅槃、亦不住輪迴，只以菩薩和本尊身行利生之舉。他身後的月輪，潔白無瑕，反映著觀音菩薩的清淨無染。

18. 你必須設想，觀音菩薩是一切皈依處三寶與三根本的總合。現在，清楚的看到觀音菩薩安住在你頂輪上以及一切眾生的頭上。懷抱著無比的虔敬與信心，以對他的清淨以及發心的信心，用以下的祈請文敦請他的聖心眷顧。

19. 觀音菩薩最殊勝的特質就是他的清淨無染，沒有絲毫對主觀自我與客觀現實的二元執著，完全擺脫了業力的牽引。

20. 他的根本上師阿彌陀佛是西方極樂世界的教主，在觀音菩薩的頂上有如是他圓滿的授記。

21. 觀音菩薩慈悲的關心一切眾生的福祉，這反映在他不斷凝視眾生的慈眼上。

22. 我們以身、語、意對觀音菩薩誠心頂禮，合掌代表身的虔敬，念誦咒語代表語的虔敬，透過儀軌觀想代表意的虔敬。

觀音儀軌

17.　　　雙足金剛跏趺坐
　　　　背椅無垢滿月輪

18.　　　攝諸皈依處自性

❖❖❖ 祈請 ❖❖❖

19.　　　尊者無瑕白淨身

20.　　　阿彌陀佛頂上嚴

21.　　　慈眼悲憫視眾生

22.　　　頂禮觀世音菩薩

儀軌解說

23. 不論你是投身於顯教或密教的修行，七支供養文是非常有利的。這個祈請文可以和所有虔敬的行為結合，像是供養、大禮拜、供曼達，以及一切形式的虔敬和禪修。

24. 第一支禮敬諸佛，你對觀音菩薩禮敬，也對十方三世的諸佛菩薩禮敬。

25. 第二支廣修供養，以真實或觀想的鮮花、馨香供養，可以放在佛桌上或是觀想無量的鮮花等供品充滿虛空中以供養觀音菩薩，以及圍繞在他身旁的諸佛菩薩。祈請這些供品被接受，一切眾生可以因而直接或間接得到利益。

26. 第三支懺悔罪業，你藉著回憶無始劫以來所犯的過失而懺悔，懷著悔意和自責，坦然承認這些過失，當你祈請諸佛菩薩和觀音菩薩的慈悲加持，可以清淨這些罪業。你可以這樣想：「我發誓不再重犯這些過行」，接著想所有的過失都已經掃除並清淨了。

27. 第四支隨喜功德，你開展出一種隨喜他人善行的態度。聲聞、緣覺、阿羅漢、菩薩和普通人都朝著解脫輪迴的方向努力，所有這些在過去、現在、未來所累積的功德，讓我們非常快樂歡喜。

觀音儀軌

23. ❖ 七支供養文 ❖

24. 　聖妙觀世音菩薩
　　十方三世正覺者
　　一切諸佛菩薩眾
　　我等恭敬稽首禮

25. 　花朵燃香燈塗香
　　妙食及諸伎樂等
　　實設觀想誠供養
　　祈請聖眾喜納受

26. 　無始劫來直至今
　　十不善業五無間
　　煩惱心熾隨流轉
　　一切罪業我懺悔

27. 　聲聞緣覺菩薩眾
　　因緣不同等眾生
　　三世所具諸善行
　　一切功德我隨喜

儀軌解說

28. 第五支請轉法輪，你祈請授與法教（以轉動法輪為象徵）。有情眾生的這項發心與態度用在修行時，能夠產生無邊的利益。

29. 第六支請佛駐世，你懇求諸佛不要入涅槃，請他駐世並協助眾生直到輪迴的眾生空盡。懇請他們以慈悲協助消除一切眾生的無邊痛苦。

30. 第七支普皆迴向，你祈請透過修行所累積的一切功德迴向，變成一切眾生成佛的主因。你也祈請變成一位佛或菩薩，可以直接而立即的帶領眾生成佛。

31. 這部分的祈請文是由名為帕摩的比丘尼所作，她對於觀音菩薩有著無比的虔敬。她習慣在夏天時隔天禁食，中間那一天只吃一餐。據說她一生都對觀音菩薩祈請，而觀音也多次對她示現。在這祈請文裡，她表達了對於觀音菩薩示現、慈悲化現，以及他皈依處的周遍有完全的了解。

觀音儀軌

28.　　　眾生有情意隨想
　　　　心智成熟各差別
　　　　三乘共法不共法
　　　　祈請隨轉諸法輪

29.　　　眾生輪迴未空盡
　　　　世尊慈悲莫入滅
　　　　浮沉苦海生死中
　　　　一切眾生請救度

30.　　　願我所行諸功德
　　　　迴向皆成菩提因
　　　　修證無須費長時
　　　　速能度眾展大力

31.　　　　　祈請

　　　至誠祈請上師觀世音
　　　至誠祈請本尊觀世音
　　　至誠祈請至聖觀世音
　　　至誠祈請救度觀世音
　　　至誠祈請大悲觀世音
至誠祈請救度觀世音　具佛悲行祈請憶吾等
流轉無盡苦苦輪迴中　眾生歷盡難忍無常苦
捨離觀音菩薩無能度　祈願加持成就一切智

251

儀軌解說

32. 此處，我們開始想到有情眾生從無始劫以來輪迴於六道的痛苦。最下層的道是地獄道，那兒的眾生經驗極端的冷熱，忍受著瞋恨的業報。想到這些痛苦，你祈請能結束地獄眾生的痛苦，讓他們降生到觀音菩薩的淨土。接著，輪流觀想六道，並念誦六字大明咒。

33. 次一個痛苦的道是餓鬼道，因為貪心而受苦。你祈請他們能解脫，轉生到觀音菩薩的淨土，接著再念誦六字大明咒。

34. 三惡道中的最上層是畜生道，因為過去的無明而被豢養、魯鈍、愚癡，並為此痛苦。你祈請他們能解脫，並能與怙主觀音菩薩接觸。

35. 人道是三善道中最低的，擁有開展珍貴人身的機會，但很少人這樣做，因而過著不斷追逐與沮喪的生活，這全都因為欲望而起。你祈請他們能幸運投生在阿彌陀佛的淨土。

觀音儀軌

32. 　　　　無始累劫所聚諸惡業
　　　　瞋怨恨心引生地獄道
　　　　眾生歷盡難忍寒熱苦
　　　　祈願往生本尊蓮座前
　　　　嗡瑪尼唄美吽

33. 　　　　無始累劫所聚諸惡業
　　　　慳貪吝嗇引生惡鬼道
　　　　眾生歷盡難忍飢渴苦
　　　　祈願往生淨土布達拉
　　　　嗡瑪尼唄美吽

34. 　　　　無始累劫所聚諸惡業
　　　　無明愚癡引生畜生道
　　　　眾生歷盡難忍闇啞苦
　　　　祈願往生依怙本尊前
　　　　嗡瑪尼唄美吽

35. 　　　　無始累劫所聚諸惡業
　　　　貪欲無止引生人間道
　　　　眾生歷盡難忍災貧苦
　　　　祈願往生極樂淨土中
　　　　嗡瑪尼唄美吽

儀軌解說

36. 修羅道眾生由於過去生嫉妒的業而飽受爭鬥的痛苦,投生到一個爭鬥、口角與戰爭的界域。你祈請他們能轉生觀音菩薩的淨土。

37. 天道眾生由於做了無數善行,卻因為傲慢而沒有達到證悟解脫的境界,雖然在天道經歷極大的喜樂,但是這些無法長久,最後必須變易而再次墮入低層的道中。你祈請他們無常的環境能夠結束,也能轉生觀音菩薩的淨土。

38. 想到整個輪迴的過程,你重視自己的業,不論是善業還是惡業,並祈求能夠像觀音菩薩那樣持守菩薩誓戒,以度脫一切眾生於輪迴的不清淨界。六字大明咒的音聲是圓滿而有益的,能夠息止痛苦,並從十方蘊生解脫的因。

39. 祈請你對菩薩的方便修行有進展,透過對觀音菩薩的虔敬,讓你想要度脫的眾生也能將小乘與大乘的法教帶入他們的行為中。祈請所有你幫助的眾生都能善良,並能弘法利益一切眾生。

觀音儀軌

36.　　　　無始累劫所聚諸惡業
　　　　　嫉妒怨憎引生修羅道
　　　　　眾生歷盡難忍爭鬥苦
　　　　　祈願往生布達拉淨土
　　　　　嗡瑪尼唄美吽

37.　　　　無始累劫所聚諸惡業
　　　　　貢高我慢引生天人道
　　　　　眾生歷盡難忍五衰苦
　　　　　祈願往生布達拉淨土
　　　　　嗡瑪尼唄美吽

38.　　　　願我此生未來一切生
　　　　　所作所行皆與觀音同
　　　　　拯救五濁眾生得度脫
　　　　　六字明咒廣傳遍十方

39.　　　　至聖本尊座前我祈請
　　　　　願吾調伏有情為信眾
　　　　　了悟因果精進修善行
　　　　　得恆與法相應利眾生

儀軌解說

40. 觀音菩薩從身上放出光芒照向一切眾生，無一例外，以此來回應你的祈請。因此，佛的四種事業都能完成：（1）增益；（2）懷愛——所有的善業；（3）伏誅；（4）息滅——所有的惡業。

41. 所有的染污透過這個光而得到轉化，所有我們居住的虛幻外境變成極樂淨土。你看到這淨土和化生於此的一切眾生都有觀音的圓滿身相，具足他莊嚴的語和清淨的意。在這淨土中，一切與觀音無二無別，所有的外相同時顯現又是空；所有的音聲變成咒語：聲音和空性是不可分的；所有的精神活動變成覺性與空性的結合。

42. 六字大明咒有其字義上的解釋，意即降下蓮花摩尼寶，它的力量不是任何意義可以限制的，不論是字義還是非字義上的。每一個字母據說都是關閉輪迴六道的每一道門，因此，「嗡」關閉了天道的門；「瑪」關閉了修羅道的門；「尼」關閉了人道的門；「唄」關閉了畜生道的門；「美」關閉了餓鬼道的門；「吽」關閉了地獄道的門。念誦這個咒語能夠有效的幫助一切有情眾生種下解脫的種子，或是幫助已經有種子的人在解脫道上成長。

觀音儀軌

🙰 觀想 🙰

40.   以我專誠祈求力
　　　　從聖者身放光明
　　　　淨諸惡業及煩惱
　　　　娑婆頓成妙淨土

41.   有情眾生身口意
　　　　悉成觀音身口意
　　　　現象音聲及世智
　　　　悉與空性合如一

42. 在此禪定狀態，盡力念誦「嗡瑪尼唄美吽」多遍。最後，讓心安住在自性之中，沒有自他的分別。

六字大明咒「嗡瑪尼唄美吽」的藏文字母。

257

儀軌解說

43. 光從你的心間放出（如觀音菩薩），整個極樂淨土和一切眾生（如觀想本尊觀音的清淨身）融入光中，並進入你的身體（觀想成觀音身）。接著，這個身體也融入光中，融入你的心間，那兒安住著一朵六瓣蓮花。蓮花上的月輪頂上是「舍」字，由咒語的六個字母所圍繞，每個字落在蓮花的一瓣中。接著，蓮花和咒語向上消融（如第七章所述）。以這樣的方式，讓心完全安住，沒有作意和散亂，安住在心光明、清淨、無礙的本然狀態。盡可能安住在這心的本然狀態下，越久越好。觀想自身為觀音，這個世間為極樂淨土，以此作為結行，然後再迴向功德。

44. 藏傳佛教有四個重要的部分：皈依，本尊觀想，心的本質體驗，迴向功德。透過功德的累積，你可以開展出智慧與方便，並據以體驗大手印，因此，所有的修行和教法都以此重要的迴向作為結束。

45. 沒有評述。

觀音儀軌

43.　　　　　　　❖❖❖ 觀想 ❖❖❖

自他身相皆是聖者身
一切音聲悉爲六字明
諸般心念無非大智慧

❖❖❖ 迴向 ❖❖❖

44.　　　　　　願依此善速證得
　　　　　　　成就本尊觀世音
　　　　　　　一切衆生盡無餘
　　　　　　　悉皆安住佛國境

45. 傳統上有一個結行是祈請速疾轉生極樂淨土，不只是因爲阿彌陀佛是觀世音菩薩的根本上師，尤其是因爲在極樂淨土中，行者更容易圓滿十地菩薩的成就。

儀軌解說

46. 據說阿彌陀佛的西方極樂世界是最容易轉生的淨土，因為轉生其他淨土需要嚴守所有誓戒。此處，你祈請你的禪修及迴向意願，就可以享有此特權。

47. 在極樂淨土，我們藉著行善業並跨越十地菩薩圓滿大小乘的修行，化身無數以利益十方一切眾生。

48. 此處，念誦轉生淨土祈請文迴向功德。被認為是無上的報身和清淨法身在努力的道上會很自然的生起。菩提心是菩薩誓戒的開始與結束，是所有金剛乘修行中最必須與最重要的內容。

觀音儀軌

❧ 祈請速疾轉生淨土 ❧

46.　　　以此觀修諸功德
　　　　迴向善逆諸有情
　　　　臨終離捨不淨身
　　　　剎那往生極樂土

47.　　　即刻解脫登十地
　　　　化身利益十方眾

❧ 祈請 ❧

48.　　　願以此善濟眾生
　　　　圓滿福慧二資糧
　　　　依此福慧之所生
　　　　即得勝妙法化身
　　　　菩提心為至妙寶
　　　　若未發心願發起
　　　　已發心者莫退失
　　　　願此菩提轉增勝

Dharma Chakra Center
P.O. Rumtek via Ranipul
Sikkim, India

Telephone: 363

Seat-Holder of
His Holiness the
Gyalwa Karmapa

HIS EMINENCE
JAMGON KONTRUL RINPOCHE

༣། །སྒྱུར་བྱོན་གསོལ་འདེབས་རྡོ་རྗེའི་སྒྲ་དབྱངས་ཞེས་བྱ་བ་བཞུགས་སོ།།

ཨོཾ་སྭ་སྟི། །མི་ཤིག་སྡུང་ཆེན་ཐིག་ལེའི་གོ་ལ་རུ། །འདུག་གའི་འོད་དངས་མ་བསྐོས་
པའི་མཆར་ལས། །ཡེ་གས་འོང་སྐྱེ་འགགས་ཡོལ་རྒྱལ་རྡོ་རྗེའི་སྐུ། །ཡེན་
མ་གས་རྩ་གསུམ་ལྷ་ཚོགས་རྒྱ་པ་རྒྱར་ཅིག །དཀ་པ་འི་ཚུལ་དགུས་ལེགས་
སྐྱས་ཕྱིན་ལས་ཀྱི། །འོལ་པས་འཁོ་ཚོགས་ཡེད་དག་ར་བགྱེད་པ་ལ།། །འཛག་
མགོ་ནོབྐྱ་མའི་རྣམ་ཐར་སོལ་འཆར་བའི། །མ་ཁྱུངས་མེད་སྣ་བླ་མའི་ཆེག་སྐྱལ་
སྐྱར་འཁྲིན་གསོལ། །རྒྱལ་བ་བུ་གནེམས་ཀྱི་འཚོ་ནར་ངས་འཁྱུང་གི་ལྗོང་བྱེད་
རྩ་བཏན་བསྐབ་གསུམ་འཕས་དུ་ཉི་དུ། །འཁོ་ར་ལོ་གསུམ་ཀྱི་མ་ཏོད་པ་འཛ་
ཚོགས་ཡེད། །དགེ་བ་ར་འབ་འཚོ་བཏོད་ཕྱེ་སྐྱར་འཁྲིན་གསོལ། །འཙོ་ཆེ་ན་སྐྲོང་
རྡོ་རྗེའི་ཆུ་འཛོན་འཁྲུགས་པའི་དུངས། །ཟབ་གསང་སྔགས་ཀྱི་ཡྲགས་སྟལ་ཊེས་
བསྐོལ་ལ་རས། །གང་འབུལ་མེ་ལོ་བཞམས་མ་འདི་ས་ཉིང་ལ་རུ། །ཁྲ་དུ་སྦུང་ཆེས་
ཚར་འབེས་ལ་རསྐྱར་འཁྲིན་གསོལ། །རྐྱེགས་ལ་ནེའི་དུས་འདིར་སྐེང་རྟོ་བས་
ཞྲམ་མེད་པ་ས། །རྒྱལ་བའི་ན་སུ་རྒྱན་སྤོལ་ལ་མ་ཁྲུ་བོབ་པ། །ངང་རྒྱང་ཀྱེན་
ཕྱིན་ཞེས་ཀྲགས་མ་བླ་མ་རྗེའི། །མ་ཆེག་སྤུལ་ཉེན་ཉེ་ཆེ་སྐྱར་དུ་འཁྲིན་སྐྱར་ཅིག །

དེ་ལྱར་གསོལ་འཛང་བསྐུ་མེད་མ་ཆེག་གསུམ་དང་། །དུང་བྱོར་
མྲོེན་ཚོག་བདག་གི་ལྷག་བས་མ་གྱི། །མཁྲུ་ཡེས་དེ་བཞིན་ལྒྱུབ་
སྟེ་བགའ་ན་བྱུད་ཀྱི། །བསྲན་པ་འཛོ་མ་སྒྱིང་གྲོགས་མཁར་རྒྱས་གྱུར་
ཅིག །ཅེས་པ་འི་སྨས་རྩེན་མ་ཀ་ར་ས་ཨེ་ལས་ཤིད་བྱུ་རྒྱེན་གསོལ་འདེབས་འདི་ནི།
མཆོ་ག་ཉི་ལྱུ་ཚ་རྒྱལ་མཆོ་ནང་ར་རྒྱལ་ལུས། །དཔལ་རྒྱལ་དང་ཀྲ་བ་འབུ་ན་པའི་དུང་།
དགས་དན་བྷོ་ཙོ་གལ་སྒྱར་འཁྲིན་གསོལ་འདེ་ས་ནུ་འཛན་མ་ནོ་ སྐྱལ་གྱུས་ཀྱལ་འབྲ་ར་
དགེ་ལེགས་འཕེལ།།

祈請怙主嘉傑卡盧仁波切速疾轉世文

願一切吉祥！
在不生不滅的空性之中，
從所有具有生命力和無生命力的精髓中神奇地聚集而來，
生起金剛道歌，
完全從生滅之中解脫；
這些歌中的大師們，本尊的集會，
化現為三根本，願您度脫！
透過行為的展示，由精熟的九次第定所加強，
您為無盡眾生的心帶來喜樂。
您延續了蔣貢康楚完美品格的化現，
無與倫比的上師，
願您無上的化現常駐世間！

在世尊法教的基礎下，
您堅定的播下了種子，
一棵以您的化現，
滿載三學果實的樹。
透過事業的三次循環，
您恢復了無量眾生的德行。
願您常駐世間！

當虛空被您的大愛與慈悲
所聚集的雲堆所攪動，
以及被您淵博的金剛乘
所回響的雷鳴撼動時，
您不可思議的法雨
落在被感化的土地上，
毫無謬誤的一如其初始。
願您常駐世間！

在此末法時期，
透過您不屈不撓的勇氣，

您具足大力，讓世尊的法教得以弘揚。
尊貴的上師，以讓炯昆耶之名，
願您光明無盡的化現能常駐世間！

我如是祈請，
藉著三寶確切的力量，
藉著聖者法語的力量，
藉著個人清淨的發心，
願這些祈請皆能實現，
願噶舉教法弘揚世間！

　　這個祈請怙主嘉傑卡盧仁波切速疾轉世的祈請文，是為了回應仁波切的姪兒嘉晨喇嘛的請求，由蔣貢康楚仁波切在藏曆六十甲子循環的第十七土蛇年所寫。末尾，祈請怙主長壽文是十六世嘉華噶瑪巴所說的，速疾轉世文已經被改為長壽祈請文。

　　此祈請文在一九八九年五月二十日由拉傑丹林崑耶從藏文翻譯為英文。

　　　　願福慧增長！

卡盧仁波切在印度索那達寺的大廳微笑對鏡。（謝拉・艾賓攝影）

附錄C

金剛乘術語對照表

般若佛母，手持金剛杵和般若經。（墨水畫，二十世紀作品）

卡盧仁波切畫的墨水畫，描述譯者謝拉・艾賓看到他的情景。

（謝拉・艾賓提供）

　　這個術語表是根據卡盧仁波切和其他尊貴噶舉上師的法教彙編而成，當然也包括已經通用的參考資料。應該了解在佛教中有諸多解釋。同樣的術語在此處的解釋和其他金剛乘派別的解釋可能不同，而且，同樣的術語名詞在不同的內容，意思也不一樣。

　　我要感謝謝拉・艾賓、理查・巴倫和史蒂夫・高曼，他們花時間校正有關藏語和梵語音譯中的發音，並指正了相關的梵語和藏語術語的定義。

　　傳統上由數字組成的術語必須在數字上去找相關的參考。藏語的拼音是用斜體字，以接近的發音放在中括弧中，在某些情況下除了藏語，也提供了梵語，但沒有每一個詞都有梵語。表列的梵語以Ś開頭的必須在 Sh 之下尋找。

　　佛教的術語名相，尤其是有關金剛乘的，都不是很簡單和容易明瞭，翻譯者和我的編輯助理在尋找對照表中幫了很大的忙，以免這份表快速膨脹爲百科全書。爲了幫助進一步研讀，我提供了一份參考書目，並將你們的吸引力拉到包含了密勒日巴教法翻譯的書目上來，這是解釋和參考的無價資源。

伊莉莎白・席蘭迪雅

271

絕對實相（Absolute Reality, 藏 *don dam*）：一個用來描述圓滿覺性的名詞，超越了二元與四種垢障。參看相對實相（Relative Reality），垢障（Obscuration）。

阿賴耶識（Ālaya-Vijñāna, 藏 *kun zhi nam par she pa*）：通常簡稱阿賴耶，用在無著的阿毗達摩論中，描述心的本質，被稱爲是第八意識，具有兩種特質：一個被認爲是清淨無染的，是不壞滅的佛性，在這一層意義上，通常翻譯爲根本意識（primordial consciousness）。另一個被認爲是不清淨的，在其中，不論是善業或惡業的果，都是有關人本質的妄念，在這一層意義上，通常翻譯爲如來藏識（storehouse consciousness）。參看八識（Eight Consciousnesses）。

阿彌陀佛（Amitābha Buddha, 藏 *Ö pag me*）：字意上爲「無量光」，是西方的佛，與他有關的元素是火大，他的智慧是平等性智，修行法門是對治貪念，也是蓮花部族的報身佛。參看佛部（Buddha Families），淨土（Dewachen）。

無上瑜伽（Anuttarayogatantra, 藏 *nal jor la na mey pay gyü*）：密續四瑜伽中最高層次的修行法門。參看密續四瑜伽（Four levels of Trantric Yoga），五道（Fives Paths），大手印（Mahamudrā），圓滿次第（Dzogrim）。

阿羅漢（Arhat, 藏 *dra com pa*）：字意是「殺敵者」，也就是小乘理想中降服了煩惱障和所知障的人。一個阿羅漢被認爲已經達到滅苦狀態。

吉兆（Auspicious Coincidence, 藏 *ten drel*，梵 *pratitya*

samutpāda）：任何特定的時刻或情況下，一些特殊的因素碰在一起。以金剛乘的觀點，每一刻都有超越的潛能，不管情況如何，都被認為是吉祥的。

十二處（Āyatana, 藏 *kyem che*）：六種感官也就是六根，以及它所接觸的對象六塵，稱為十二處。

中陰（Bardo, 藏 *bar do*）：字意是「兩者之間」，是指一種幻象的特質，輪迴的六道眾生的轉換經驗。傳統上認為在出生、死亡、轉生之間，有六種中陰。第一種，我們此生覺醒意識的時刻，稱為此生中陰（bardo between birth and death）。第二種，在我們日常生活中，包含追求平靜的間隔，其中的禪定時刻，稱為禪定中陰（bardo of meditative concentration）。第三種，在睡眠與覺醒之間的間隔，此刻心經驗夢境的狀態，稱為睡夢中陰（dream bardo）。這是我們此生的三個中陰，後面兩個中陰是有關死亡與死後的過程。第四種中陰是從死亡開始那一刻，持續到身心分離的時刻，稱為臨終中陰（bardo of the death process）。第五種，隨著死亡立即而來的間隔，是許多經驗中最短暫的，心陷入法性中，處於一種無意識狀態，稱為法性中陰（chonye bardo），也可以翻譯成實相的究竟本質中陰（bardo of the ultimate nature of phenomenal reality）。最後，了知死亡與業報現前的間隔，併同轉生的過程，稱為受生中陰（bardo of becoming）。

地（Bhūmi, 藏 *sa*）：字意是「地」，指菩薩邁向成就的十個階段，其中的任一階都成為一地。

明點（Bindu, 藏 *tig le*）：字意是「點」或「圈」，這本書裡，是指禪修時用來觀想的明亮光點。有時也指在受生中陰時，接收自父親和母親的根本能量，這個成分在死亡過程中會消融。從父親身上接收的精髓稱為白明點，從母親身上接收的稱為紅明點，兩者也就是通稱的紅白明點。

菩提（Bodhi, 藏 *jang chup*）：了悟佛性的狀態。參看覺悟（Enlightenment）。

菩提心（Bodhicitta, 藏 *jang chup kyi sem*）：具足利他（激起為了利益眾生而修行的發心）和直觀解脫的覺悟態度（在這種情況下，通常是有關勝義菩提心），包含四個層面：世間、出世間、願、行。發菩提心的祈請是所有金剛乘修行的前行。

菩薩（Bodhisattva, 藏 *jang chup sem pa*）：持守一系列誓戒的行者，並把重點放在實踐六波羅蜜，以幫助一切眾生於輪迴中解脫。這個詞可以用在兩個不同性質的層面。一個層面是世俗的菩薩，行者發菩提心並遵守誓戒。另一個層次是超越的菩薩，他的修行已經達到十地的階段。行者達到這個境地，就是一位成就菩薩。參看地（Bhūmi），菩薩戒（Bodhisattva Vows）。

菩薩戒（Bodhisattva Vows, 藏 *jang dom*）：一整套正式的誓戒，激發起一個人的行為，要為利益一切眾生而奉獻。參看菩薩（Bodhisattva）。

業報身（Body of Fully Ripened Karma, 藏 *nam min gyi lü*）：一個有情眾生從生到死經驗的身體，以及個人所處並可以找到自

我的環境。

習氣身（Body of Habitual Tendency, 藏 *gyu lü*）：夢中的經驗，包括在夢中或夢境感知的身體。

業果身（Body of Karmic Fruition）：參看業報身（Body of Fully Ripened Karma）。

中陰身（Body of the Bardo Experience, 藏 *ye lü*）：在死亡與轉生的過渡階段，心對於自我的執著。也稱為意生身。

睡夢身（Body of the Dreamer）：參看習氣身。

佛法（Buddhadharma, 藏 *sang gye kyi chö*）：釋迦牟尼佛被集結的教法，以及針對此所描述的覺悟之道。在本書中，也意味著對道的了解、在解脫道上的成熟程度，以及菩提心的開展，尤其是對每一位僧伽。

佛部（Buddha Families, 藏 *sang gye kyi rik*, 梵 *buddhakula*）：這是有關五方佛的壇城，當他們的煩惱障礙消除之後，般若智慧生起。「部族」這個名稱來自於報身的觀念，諸法在本質上都是法身的化現，化現成五種智慧以及五方佛和他們的淨土。五方佛分別是：大日如來（佛部）、阿閃如來（有時代表金剛薩埵，金剛部）、寶生如來（寶部）、阿彌陀如來（蓮花家族）、不空成就如來（羯磨部）。參看五智（Five Wisdom）。

佛性（Buddha Nature）：參看佛性（Tathāgatagarbha）。

佛，報身（Buddha, Saṃbhogakāya, 藏 *long ku*）：在報身佛覺悟心的化現中，具有五種特質，稱為五決定。這五種特質是：(1)身決定：永遠是佛身；(2)處決定：永遠住淨土；(3)法決

定：所弘揚的總是大乘法和金剛乘法；（4）眷屬決定：接受法教的僧伽總是八地、九地、十地菩薩；（5）時決定：這種化現是不變的，不受時間限制。

釋迦牟尼佛，悉達多太子（Buddha Śākyamuni, Prince Siddhārtha, 藏 *thub pa sang gye*）：是歷史上最近的佛陀，也是賢劫千佛中第四位出現於此劫的佛。他的頭銜世尊有不同的來源，其中之一就是他出身釋迦家族的王子。一些西藏喇嘛認爲英文名詞無法翻譯出「如來」的稱號，意思是「如此來」、「如此去」，在梵文的書寫中常置於他的名字前。悉達多字面上的意義是「成就者」。

輪（Cakras, 藏 *khor lo*）：「輪」或「圓圈」之意，是有關身體內微細能量的中心。在藏傳佛教中有五個主要的輪：頂輪、喉輪、心輪、臍輪、密輪或生殖輪。

勝樂金剛（Cakrasaṃvara, 藏 *khor lo dem chok*）：噶舉傳承五大修法之一，本尊是赫魯加，屬於蓮花部，在那洛六瑜伽中扮演很重要的角色。（另外四個本尊修行法是：大幻化（Mahāmāyā）、大威德金剛（Vajrabhairava）、密集金剛（Guhyasamāja）、喜金剛（Hevajra）。）

觀音（Chenrezig, 藏 *chen re zig*, 梵 Avalokiteśvara）：慈悲的佛，是西藏的守護佛。卡盧仁波切開示說，每天修行觀音儀軌等於是實踐了所有灌頂的三昧耶。

經行（Circumambulation, 藏 *khor wa*, 梵 *parikrama*）：順時針繞行聖者或聖地的虔誠行爲。地球上有兩個地方被認爲是能帶

來最大福報的經行地：西藏西部的凱拉斯山，以及尼泊爾加德滿都的布特勒佛塔。有時候經行是用大禮拜來做。據說，只要繞行凱拉斯山一次，便可消除一生的惡業。

清淨（Clarity, 藏 *sal wa*）：等於覺悟的報身樣貌，被認爲是心的本質中三個特質之一，使得心有本能去經驗。參看俱生心（Coemergent Mind）。

俱生外相（Coemergent Appearance, 藏 nang wa lhen kyi, 梵 āloka sahaja）：有關報身的外相特質，被認爲是無實體的，但仍有顯像，說明了心的光明本質。

俱生心（Coemergent Mind, 藏 sem nye lhen kyi, 梵 *sahajamānas*）：有關心的本質，具有清淨、光明、無礙的特質。

俱生智（Coemergent Wisdom, 藏 *lhen cik kyi pay ye she*, 梵 *sahajajñāna*）：有時翻譯爲本覺，輪涅俱生之智慧，金剛乘的這個基本觀念意指，在自然生起的現象界，智慧是與生俱來的呈現。

慈悲（Compassion, 藏 *nying je*, 梵 *karuṇa*）：「高貴的心和意」，對一切眾生痛苦的同情共感，並想終止個人的這種痛苦，是三乘修行的基礎。每一乘都強調不同的方法以修行慈悲心。在金剛乘主要是透過本尊瑜伽，行者非常熟練的開展仁慈，並使菩提心成熟，進入智慧與方便的結合，因此在金剛乘，慈悲心可以運用在基礎和修行。參看化身（Nirmāṇakāya）。

立斷教示（Cutting Through Instruction, 藏 *zhi tsa chö pay dam nak*）：字意是「能闡明事件的基礎和核心的清晰告誡」，當跟隨著上師的這項教示，可以使得弟子獲得極大的進步。

空行母（Dakini, 藏 *khan dro ma*）：「飛行於空中的人」，是覺悟智慧的化現，通常被描繪成半憤怒的女性形象。

末法時期（Dark Age, 藏 *nyek may dü*, 梵 *kaliyuga*）：描述佛陀沒有住世或佛法不行的時期。也用在道德、戒律和精神智慧衰退的時期，包括我們當代。

十二因緣（Dependent Origination）：參看十二因緣（Twelve Links of Dependent Origination）。

極樂淨土（Dewachen, 藏 *de wa chen*, 梵 *sukhāvatī*）：阿彌陀佛的淨土。參看阿彌陀佛（Amitābha），淨土（Pure Lands）。

陀羅尼（Dhāraṇi, 藏 *zhung*）：祈請文，稀有的長咒語。

法（Dharma, 藏 *chö*）：在佛教中具有三個基本意義：釋迦牟尼佛所給予的法教，通稱為法；所有的現象，包括觀念和情緒，稱為諸法；根本的真理以及心的究竟本質，稱為法身。

法身（Dharmakāya, 藏 *chö kyi ku*）：一切存在的根本真理，是證悟者認知的觀點，是總體現象，但無色相，與有情的經驗不同但不可分，也是諸佛的心。參看三身（Trikāya）。

護法（Dharmapālas, 藏 *chö kyong*）：字面上的意思是「法的保護者」，這是諸佛覺悟力量的直接特質，透過佛行四事業消除障礙，化現為憤怒相以展現慈悲心。

實相（Dharmatā, 藏 *chö nye*）：存在的真相；如實完整的經驗；

一切現象的本質。

多傑羌（Dorje Chang）：參看金剛總持（Vajradhāra）。

多傑森巴（Dorje Sempa）：參看金剛薩埵（Vajrasattva）。

圓滿次第（Dzogrim, 藏 dzog rim, 梵 sampannakrama）：在無上瑜伽中，通常譯為圓滿次地或圓滿瑜伽。在禪修的此一次第中，行者專注在心的體驗，認知自心與本尊的心，以達到大手印的第一層次。參看生起次第（Kyirim）。

八識（Eight Consciousnesses, 藏 nam shi thsok gye, 梵 aṣṭa vijñāna）：根據佛教瑜伽行派的理論，當一個人完全了悟自己的意識時，就轉化為智慧了。五識（眼、耳、鼻、舌、身）得到轉化為成所作智；六識（心意識）轉化為妙觀察智；七識（執我識）轉化為平等性智；八識（阿賴耶識）轉化為大圓鏡智。

八正道（Eightfold Noble Path, 藏 phak pay lam yen lak gyü）：導向滅苦的正道，包括正見、正思惟、正語、正業、正精進、正命、正念、正定。

八不自在（Eight Non-Freedoms, 藏 mi khom gye）：眾生因業力無法或非常難以接觸到佛法的八種狀況；即使有可能接觸，修法也難以貫徹。在轉生為八無暇時才可能感知八不自在。一個有情眾生不受八無暇的束縛，才能稱為自由或美好的。參看八無暇（Eight Unrestful States）、六道輪迴（Six Realms of Samsara）。

八無暇（Eight Unrcstful States, 藏 mi khom pay ne gye）：八無

暇的狀態是轉生於：(1) 地獄；(2) 餓鬼；(3) 畜生；(4) 長壽天；
(5) 邊地；(6) 不值佛世；(7) 邪見；(8) 瘖啞。參看人身難得
（Precious Human Existence）。

八風（Eight Worldly Winds, 藏 *chö gye*）：表示會煽動情緒火焰
的影響力。所謂八風是指八種世俗的欲望：苦與樂、譏與稱、
失與得、毀與譽。

煩惱（Emotional Affliction）：參看煩惱（Kleśa）。

空性（Emptiness）：參看空性（Śūnyatā）。

覺悟（Enlightenment, 藏 *jang chup*, 梵 *bodhi*）：這個名詞是用
在表達覺性本身，很難有定義。但是在研讀大量噶舉的經續教
典，我們可以邏輯性的認為覺悟涵蓋以下的特質：妄念的終
結；清楚了悟心的光明、無礙本質；對佛性的卓絕體驗；因緣
業力的解脫；智慧與方便的結合；發揮慈悲心的智慧；禪定的
無作意狀態；五大束縛的解脫；六識障礙的解脫；六塵挫折的
解脫；六根束縛的解脫；自他二元幻象的解脫；根、道、果的
實現；大手印修行的圓滿；三身的圓滿；認知絕對真理中的相
對真理；全身投入金剛乘噶舉傳承的法教而得到單純的喜樂，
這傳承來自創始者帝洛巴、那洛巴、瑪爾巴、密勒日巴的立斷
教法。

五決定（Five Certanties）：參看報身佛（Saṃbhogakāya
Buddha）。

五道（Five Paths, 藏 *lam nga*, 梵 *pañca mārga*）：傳統上，
修行成佛的過程有五個道次第。第一個是資糧道（path

of accumulation），行者在日常生活中學習開發善根清除惡業，以達淨化和累積福德。第二個是加行道（path of application），整合四聖諦的深度以及毗婆舍那（觀）的禪修，使得行者能斬斷欲望的根源。第三個是見道（path of vision），行者踏上初地菩薩、超越輪迴的境地。第四個是修道（path of meditation），行者從初地菩薩到十地菩薩的過程。第五個是無修道（path of no more learning），行者已經超越十地，到達絕對解脫的正等正覺境界。

五明（Five Sciences）：參看班智達（Paṇḍita）。

五蘊（Five Skandhas, 藏 *phung po nga*, 梵 *pañca skandha*）：在一些經典中，尤其是《大佛頂首楞嚴經》，釋迦牟尼佛教示，有情眾生是由五蘊所組成，是描述一切有情眾生的身心狀態。五蘊分別是：色、受、想、行、識。

五戒（Five Virtus, 藏 *tsa wa nga*）：五個根本的戒條，是在家居士所持守的戒律，即：不殺生、不偷盜、不邪淫、不妄語、不飲酒，以此作為日常生活的道德規範，也稱為在家戒。參看優婆塞（Genyen）。

五智（Five Wisdom, 藏 *ye she nga*, 梵 *pañca jñāna*）：伴隨著五方佛的五種智慧：(1)東方金剛薩埵的大圓鏡智；(2)南方寶生佛的平等性智；(3)西方阿彌陀佛的妙觀察智；(4)北方不空成就佛的成所做智；(5)中央大日如來的法界體性智。

無相次第（Formless Stage of Meditation）：參看圓滿次第（Dzogrim）。

有相次第（Form Stage of Meditation）：參看生起次第
（Kyirim）。

加行（Foundation Practices, 藏 *ngön dro*）：四種特殊的前行
法，西藏主要教派的基礎修行，主要用於除障和累積福慧資
糧，通常包括十萬遍皈依大禮拜、金剛薩埵觀修法、曼達供養
法、上師相應法。

佛行四事業（Four Activities of Buddhahood, 藏 *trin ley zhi*）：
佛陀慈悲能量化現所行的事業，也就是：息、增、懷、誅。

大手印四印（Four Demonstrations of Mahāmudrā, 藏 *chak gya
zhi*）：大手印修習次第中有四手印：(1)事業手印；(2)三昧耶
手印；(3)智慧手印；(4)法手印。梵語分別是：karmamudrā,
samayamudrā，jñānamudrā，dharmamudrā。

四大法子（Four Eminences）：通常被認知為噶舉傳承的四大法
子，由當世的嘉華噶瑪巴所選擇的繼承者：泰錫度、夏瑪巴、
嘉查、蔣貢康楚四大仁波切。西方的弟子習慣用天主教傳統
對紅衣主教的尊稱「閣下」（eminence），以區別在這個位置
上所要承擔的責任。每一位法子在自己的頭銜上都是博學的上
師，都有成千上萬的弟子。

四無量心（Four Infinite Wishs, 藏 *tshe mey zhi*）：四個願望分
別是：願一切眾生總是種下快樂的種子並收割快樂的果實；願
一切眾生不要種下痛苦的種子並收割痛苦的果實；願一切眾
生安享清淨阿賴耶、遠離無苦之樂；願一切眾生安住平等捨、
遠離執著與怨憎。參看菩薩（bodhisattva）。

密續四瑜伽（Four Levels of Tantric Yoga, 藏 *gyu de zhi*）：密續瑜伽修行中有四個層次，即：事部、行部、瑜伽部、無上瑜伽部。

四大教派（Four Major Doctrines）：參看四大教派（Major Orders）。

四聖諦（Four Noble Truth, 藏 *phak pay den pa zhi*）：釋迦牟尼佛在成道之後首次的公開教示，史稱初轉法輪。主要是闡明：苦的真理（苦諦），苦因的真理（集諦），滅苦的真理（滅諦），導向滅苦之道的真理（道諦）。

四力（Four Powers, 藏 *top zhi*, 梵 *catvāri bala*）：淨化惡業的四種方法：(1)依止力；(2)懺悔力；(3)對治力；(4)誓願力。這個方法可以矯正各個層面的承諾，包括菩薩戒。

大手印四瑜伽（Four Stages of Mahaamudrā, 藏 *chak chen zhi*）：大手印有四個層次的經驗。第一階是專注（one pointedness），此禪定的修行最後可以消除二元對立的念頭。第二階是離戲（away from playwords），此時本覺已被認知，行者發現已不再需要比較性的描述。第三階是一味（one taste），有關輪涅的本質，行者已完全免除妄念的遮障。第四階是無修（non-practice），在禪修中無為無修，自然的處在無礙的覺醒中。

轉心四思惟（Four Thoughts that Turn the Mind, 藏 *lo dok nam zhi*）：傳統上，一個人藉著思惟以下四事開始禪修的基礎：(1)人身難得；(2)死亡無常；(3)輪迴過患；(4)業力因果。

四垢障（Four Veils of Obscuration）：參看障礙（Obscuration）。

解脫障礙（Freedom From Obstacles）：參看除障（Zangtal）。

岡波巴（Gampopa, 1079-1153）：密勒日巴的繼承者，他的太太在臨終時勸他要認真修行佛法。他在中年剃度，最後找到密勒日巴，成為他的成就上師。他是阿底峽所創噶當巴學派的學者，結合了噶當巴與大手印的法教，最後創立了達波噶舉傳承。他有幾位優秀的弟子，其中之一是杜松虔巴，後來成為第一世嘉華噶瑪巴以及噶瑪噶舉傳承的首位持有者，為噶舉傳承四大支之一。參看噶舉傳承（Kagyu Lineage），大寶法王噶瑪巴（Karmapa）。

薈供（Gaṇacakra, 藏 *tshok kyi khor lo*）：對上師或諸佛菩薩的供養儀式，被認為具有非凡的功德。通常盛宴中共享的是「白色」食物，包括安置在美麗壇城中的甜點和可口的食物。因為這是密續的儀式，所以肉和酒是基本的供養。除了食物供養，還包括鮮花、馨香、酥油燈、食子，以及長壽祈請文等等。

比丘（Gelong, 藏 *ge long*, 梵 *bhikṣu*）、比丘尼（Gelongma, 藏 *ge long ma*, 梵 *bhikṣuṇī*）：表示完全剃度受戒的比丘和比丘尼，要持守超過二百條的戒律。西藏目前並沒有女性剃度的傳統，想要剃度的女性可以到中國和韓國還保有這項傳戒的地方受戒。參看優婆塞（Genyen），優婆夷（getsul）。

格魯傳承（Gelug Lineage, 藏 *ge lug pa*）：藏傳佛教最晚出現的派別，十四世紀晚期由宗喀巴融合當時西藏的法教所創立。參看四大教派（Major Orders）。

優婆塞（Genyen, 藏 *gen yen*, 梵 *upāsaka*）、優婆夷（Genyenma, 藏 *gen yen ma*, 梵 *upāsikā*）：持守根本五戒的在家男居士和女居士。雖然是沙彌戒、比丘戒、比丘戒的前行戒律，但是大多數人終身持守五戒。參看五戒（Five Virtues），沙彌（Getsul）。

沙彌（Getsul, 藏 *ge tsul*, 梵 *śramanera*）、沙彌尼（getsulma, 藏 *ge tsul ma*, 梵 *śramanerikā*）：指要持守三十六條戒律的沙彌和沙彌尼，是先於受比丘戒之前的階段。沙彌尼要持守十戒，細分為三十六戒，當前西藏的女尼多半是沙彌尼。參看比丘（Gelong），居士（Genyen）。

黃金佈地（Golden Ground of the Universe）：參看須彌山（Mt. Sumeru）。

根、道、果（Ground, Path, and Fruition, 藏 *zhi lam dre sum*）：從金剛乘的觀點，根是對三身根本知見的了悟。道是禪定的實踐，以落實該知見。果是對於根與道的真正了悟。此時已超越二元的概念進入如來藏，同時生起智慧，而行者現在也全然了悟心的本質，而且純熟的改變時間和空間，進入無止盡的解脫狀態。

上師（Guru）：參看喇嘛（Lama），根本上師（Tsaway Lama）。

小乘（Hinayāna, 藏 *tek pa man pa*）：字面的意思是「較小的車輛」，是指三乘中的第一乘，聚焦於戒律和心的安止上。參看大乘（Mahayana）、九乘（Nine Vehicles）、金剛乘

285

（Vajrayana）。

應化的佛陀（Historical Buddhas, 藏 *sang gye tong*）：他以三十二相八十種好的身語特質轉生於世，透過佛，法教得以昌盛。卡盧仁波切解釋，將有一千位應化的佛陀在此賢劫中出現，稱爲小劫。隨著這一輪諸佛之後，由於沒有佛陀住世，也見聞不到佛法，會有一段很長的黑暗時期。此劫結束後，會有萬佛應世，稱爲大劫。精確地算來，這劫的時間是天文數字無法估算，一個佛陀的應世，其稀有是非常殊勝的，不論是生值應化佛或是接觸到佛法，都是非常幸運的。參看釋迦牟尼佛（Buddha Śākyamuni）。

靜忿百尊（Hundred Peaceful and Wrathful Deities）：參看靜忿百尊壇城（Maṇḍala of The Hundred Peaceful and Wrathful Deities）。

灌頂（Initiation）：參看灌頂（Wang）。

相互依緣（Interdependence of Phenomena）：參看十二因緣（Twelve Links of Dependent Origination）。

諸法因緣生（Interdependence Arising of Phenomena, 藏 *gyu drul dra wa*）：字義是：「無數形式的網絡」，指諸法同時互相依賴而生起，所顯示的呈現是虛幻無實的（如夢一般），如此可使諸法在同一地呈現而沒有遮障或阻礙，經常被比喻爲魔術網或顯像網。

第一世蔣貢康楚（Jamgon Kongtrul the Great, 藏 *jam gon kong trul lo dro thay ye,* 1813-1899）：利美運動的創始者之一，被

認為是佛陀侍者弟子阿難的化身，負責幾百部論著並集結許多
修行法門為「五寶藏」的灌頂和教法。跟隨西藏學者的習慣，
他用梵文為自己法名命名為雲滇嘉措（Yonten Gyatso），意
思是「善性海」。參看利美運動 Rime Movement）。

至尊（Jetsün, 藏 *je tsün*）：對宗教領袖、聖者、上師的尊稱。

智（Jñāna, 藏 *ye she*）：清淨阿賴耶的覺識，本覺。

噶當巴傳承（Kadampa Tradition, 藏 *ka dam pa*）：西藏最普遍
的教法傳承（尤其在噶舉的幾支傳承中可以見到），強調研
讀、透過戒律開展慈悲心，十一世紀時，由印度上師阿底峽尊
者傳入西藏。阿底峽尊者影響了許多上師，包括岡波巴也接受
了他的法教。岡波巴接續了密勒日巴，把噶當巴的傳承融入噶
舉傳承中。

噶舉傳承（Kagyu Lineage, 藏 *ka gyu pa*）：是一個傳承的名稱，
這個傳承是從幾位偉大的印度成就者和早期的西藏譯師所傳
下來的，經過無數偉大的瑜伽士的傳遞，最有名的就是密勒日
巴，形成一個不間斷的軌跡。這個名字是此傳承早期創始的四
個人的縮寫。噶舉傳承是一般熟知的耳語傳承或口語傳承，因
為瑪爾巴限制只有十三位傳承弟子。到今天有四大支八小支，
主要的支派有：(1) 噶瑪噶舉；(2) 策巴噶舉；(3) 巴讓噶舉；(4)
帕竹噶舉。帕竹噶舉的創始者帕摩竹八的弟子又發展出八小
支，分別是：(1) 止貢噶舉；(2) 達隆噶舉；(3) 卓普噶舉；(4) 竹
巴噶舉；(5) 瑪倉噶舉；(6) 葉巴噶舉；(7) 秀色噶舉；(8) 亞桑噶
舉。現在，香巴傳承有完全不同的歷史起源，被認為是噶瑪噶

舉的一支，因為它的傳承是由噶瑪噶舉的一些傳承持有者所掌有。然而，香巴噶舉的修行包含了不同的噶舉和寧瑪的傳承。參看噶瑪巴（Karmapa），香巴傳承（Shangpa Lineage）。

劫（Kalpa, 藏 *kal pa*）：指一段很長的時間，有時計算起來是四百三十二億年，有時代表更長的時間。

甘珠爾（經藏，Kangyur, 藏 *kan gyur*）：西藏集結起來的經典，隨著丹珠爾一起，是由偉大的佛學家布頓仁千珠（Buton Rinchendrup, 1290-1364）和其他後來的上師們所編輯而成，總共有一百零八冊。

業（Karma, 藏 *lay*）：「行為」，指所有的行為會帶來明確的果，不管是善的、惡的、還是不善不惡的。一個人現在的情況是過去行為的結果，同樣的，一個人現在的行為也會影響未來的情況。佛教並不界定一生就決定因緣果報，而是認為業的累積會延續過去未來世。業的法則不是絕對的，惡業可以透過正確的淨化方法而消除，例如金剛乘的修行。

大寶法王噶瑪巴（Karmapa, 藏 *kar ma pa*）：噶舉派中的噶瑪噶舉傳承的持有者，其轉世傳承繼任者的頭銜。第一世嘉華噶瑪巴是岡波巴傳承持有者的繼承人，之後每一世的轉世，成為噶瑪噶舉傳承的持有者。十六世大寶法王讓迴日佩多傑在一九八一年往生，和其他主要派系的領導者都稱為法王，西方弟子則遵照天主教徒對教皇的尊稱「陛下」（His Holiness）稱之。參看四大法子（Four Eminences），金剛乘主要教派（Major Orders）。

煩惱（Klesa, 藏 *nyon mong*）：與毒同義，通常指五種煩惱，其
　　中三個是根本煩惱：貪、瞋、癡，加上慢、疑，成為五毒。

生起次第（Kyirim, 藏 *kyi rim*, 梵 *utpattikrama*）：無上瑜伽中
　　生起或開展次第，也稱為生起瑜伽。在禪修的這個階段，重
　　點放在認知自己與本尊無二，並穩定金剛慢。參看圓滿次第
　　（Dzogrim），金剛慢（Vajra Pride）。

喇嘛（Lama, 藏 *la ma*, 梵 *guru*）：某人實踐了很多特別修行的
　　情況，根本上師所給的對此人的尊稱。在香巴噶舉傳承中，包
　　括完成三年三個月的閉關，持續接受數百條的戒律，並繼續修
　　行金剛乘的法門，最後經過上師指定才許可給予法教和灌頂。
　　參看根本上師（Tsaway Lama）。

內觀（Lhatong, 藏 *lha thong*, 梵 *vipaśyanā*）：指禪修的一個階
　　段，通常是在達到止禪以後開始修觀禪。在禪定的基礎上，以
　　分析的態度檢視心的本質。這種教法談到諸法空性，涵蓋在
　　《般若經》（Prajñā Pāramitā Sūtra）裡，稱為內觀禪。

口傳（Lung, 藏 *lung*）：經文的傳遞，修行密咒乘本尊儀軌時所
　　需，包括唸讀有關修行的法要，在快速的口訣中，慢慢灌輸金
　　剛上師證悟的成就特質。

中觀（Mādhyamaka, 藏 *wu ma*）：大乘學派運用諸法互相依緣
　　的觀念作為其主要的論點，這個理論使它成為著名的中觀學
　　派，研究集中在《般若經》，最有名的詮釋者就是龍樹菩薩，
　　其《中論》一書被認為是最權威的解釋。

瑪哈阿努瑜伽（隨類瑜伽，Maha-Anu）、瑪哈阿底瑜伽（無上

瑜伽，Mahā-Ati）：參看無上瑜伽（Anuttarayogatantra）、九乘（Nine Vehicles）。

大手印（Mahāmudrā, 藏 *chak gya chen po*）：卡盧仁波切慣用的方言「洽賈千波」（cha ja chen po），在中觀的理論中是無修的得道狀態，是一套成佛的禪修或指導法要。字面的意思是「大印」或「大的象徵手印」。參看四印（Four Demonstration of Mahāmudrā）。

大班智達（Mahāpandita）：參看班智達（Pandita）。

大成就者（Mahasiddhas, 藏 *drup chen*）：偉大的印度密續大師，以簡單而直接的方法超越輪迴。噶舉傳承的創始者帝洛巴和那洛巴是少數的大成就者之一。某些熟悉特殊法門並達到菩薩境界的人，被稱為成就者。

大乘（Mahāyāna, 藏 *thek pa chen po*）：「較大的車輛」，佛教的一個教派，其思想基於空義，運用慈悲心，了悟無礙的覺性，執持菩薩道的理想，並承諾要度一切眾生都得解脫。大乘是三乘之一。參看小乘（Hīnayāna）、金剛乘（Vajrayāna）。

金剛乘主要教派（Major Orders of Vajrayāna Buddhiam, 藏 *chö luk zhi*）：金剛乘四大教派主要在西藏創立，最先的是「古早的」寧瑪傳承，接著而來的是薩迦、噶舉、格魯傳承。每一派有不同的經教和密續傳統；每一教派也有自己的根本寺院作為教導三乘的根本教義所在。雖然他們強調的重點可能不同，但是究竟的結果是一樣的，在成佛的道上，都被認為是一樣的

好。其他金剛乘的派別則在印度、東南亞、日本、韓國等地發展。參看利美運動（Rime Movement）。

念珠（Mālā, 藏 *treng wa*）：在金剛乘修行中用來計數念誦次數的串珠。標準的念珠一串是一百零八顆珠子，象徵甘珠爾的數目。

壇城（Maṇḍala, 藏 *chil khor*）：指覺者的淨土，有時是指灌頂儀式或禪修所需而描繪的一個複雜設計。與覺悟能量的象徵有關，壇城在對稱上非常美麗，通常是由彩沙慢慢堆製而成或是彩繪在唐卡上。

曼達供養（Maṇḍala Offerings）：參看四加行（Foundation Practices）。

靜忿百尊壇城（Maṇḍala of the Hundred Peaceful and Wrathful Deities, 藏 *dam pa rig gya*）：外相來看，這是覺悟心識的圓滿化現。內在裡，是瑜伽士的證悟，在他流動的覺性裡已經超越輪迴。從金剛乘的觀點，這個壇城被認爲是代表五蘊的清淨阿賴耶，壇城的佛父代表五蘊轉化爲五方佛，佛母代表五大轉化爲五方佛。此外，四十二寂靜尊化現爲空性，五十八忿怒尊化現爲光明。

文殊菩薩（Mañjuśri, 藏 *jam pal yang*）：是所有科學的創始者，是知識的怙主、智慧的菩薩尊，是諸佛之師。通常被認爲是金剛部，修行文殊法門在增長智慧和學習上非常有效。

咒語（Mantra, 藏 *ngak*）：神聖的口語表達，用來表達覺悟，傳統儀軌修行中不斷的重複念誦。

291

述一個殊勝的長咒，不管其真正字母的數目是多少。金剛薩埵的修行法門就是念誦百字明咒。參看四加行（Foundation Practices）。

密咒乘（Mantrayāna）：參看金剛乘（Vajrayāna）。

大譯師瑪爾巴（Marpa the Translator, 藏 *mar pa lo tsa wa*, 1012-1097）：密勒日巴的著名上師，瑪爾巴進行了三次艱困的印度之旅，向聲譽卓著的那洛巴和梅紀巴求取最上乘的佛法。在西藏已經建立了許多大手印傳承，透過他的弟子以及噶舉傳承的努力，瑪爾巴變得更為知名。

禪修（Meditation, 藏 *gom*）：在金剛乘中，有許多禪修的方法。靜心與觀心的方法有止禪和觀禪，也在大手印裡用到。此外，金剛乘包含淨化除障、累積福慧、虔心祈請的修行，以及所有念咒和觀想，都是從靜心開始。通常大部分金剛乘修行適用本尊瑜伽，這是用來開啟覺性的。

意生身（Mental Body）：參看中陰身（Body of the Bardo Experience）。

累積功德（Merit, Accumulation of, 藏 *so nam tshok sag*）：被認為是修行金剛乘以及成佛最重要的部分。傳統上，行者以迴向個人修行與行善累積的功德，以利益一切眾生。最大的功德就是贊助薈供儀式，其他還包括興建舍利塔、寺院、閉關中心、護持僧伽等。累積的功德主要是指福德和智慧兩資糧。

須彌山（Meru, Mt.）：參看須彌山（Mt. Sumeru）。

中道（Middle Path）：參看中觀（Mādhyamaka）。

密勒日巴（Milarepa, 藏 *mi la re ap*, 1040-1123）：大譯師瑪爾巴的繼承者。密勒日巴是西藏最著名的瑜伽士，堅持瑪爾巴的教導，過著隱居的修行生活，從這個洞穴到那個洞穴，避開財富和迷惑。他教導許多在荒野中遇到的人，最後有個苦行團體跟隨他，在他的指導下都得到很大的成就。他的教導是以道歌的方式，最後被記錄爲《密勒日巴十萬道歌集》、《暢飲山泉》、《不可思議之旅》。他的繼承者是岡波巴。

手印（Mudrā, 藏 *chak gya*）：字意是「手勢」或「象徵」，指對任何的對象，不論是具象的還是抽象的，賦予象徵性意義的描述。例如，水晶念珠和蓮花是觀音菩薩的手印。另外，傳統上也指修行儀軌中要結的手勢。手印的象徵與手印本身被認爲是不可分的。

脈（Nāḍi）：微細的能量管道。據知人體內有七萬二千條脈，有三條主要的脈：中脈、左脈和右脈，都是從臍輪通到頂輪，金剛乘中用來作爲觀想或是呼吸法的修行。參看明點（Bindu）、輪（Cakras）。

龍族（Nāga, 藏 *lu*）：一種具有蛇身的衆生，擁有知識和財富的世界，居住在沼澤之地，被認爲是地球寶藏的貯藏者。由於守護釋迦牟尼佛《般若經》功德的加持，他們有些被認爲證量頗高，無上的龍樹菩薩後來來到龍宮才將《般若經》攜回人間。

龍樹菩薩（Nāgārjuna, 藏 *lu grup*，一或二世紀）：中觀學派的創始者，由於對於《般若經》的深入透徹，這位印度大成就者也稱爲佛陀第二。他的主要論著就是《中論》。

妄念（Namdok, 藏 *nam dok*）：這個詞有很多意義，通常是指無法停止或是不斷干擾的念頭之流（包括狂野的、衝動的、想像的、古怪的），把我們綁在輪迴之中。

那洛巴（Nāropa, 藏 *na ro pa*, 1016-1100）：帝洛巴知名的弟子，大譯師瑪爾巴的上師。這位來自孟加拉自小出家的和尚，最後成為全印度最大的佛教大學那瀾陀寺的住持。多年來他只是流浪的瑜伽士，直到碰到根本上師——無與倫比的帝洛巴。那洛巴也是知名的「北門守護者」（北賢門），是超戒寺六位知名教授之一。

十二因緣（Nidānas）：參看十二因緣（Twelve Links of Dependent Origination）。

九乘（Nine Vehicles, 藏 *tek pa gu*）：在寧瑪傳統中有九乘，小乘有兩個：聲聞乘和獨覺乘，加上大乘，被認為是較小的乘。至於較大的乘則有層次較低的密續瑜伽：事乘、行乘和瑜伽乘。無上乘則有瑪哈瑜伽、瑪哈阿努瑜伽、瑪哈阿底瑜伽。參看三乘（Triyāna）。

化身（Nirmāṇakāya, 藏 *tul ku*）：絕對的慈悲化現出佛菩薩身的本質，該化現與諸法俱生的空性無二無別。最著名的化現就是佛陀的應世。化身維持著五蘊的呈現，展現出無限的樣貌，包括個性、人格和身形。這個詞也用在偉大行者、轉世上師和應世佛陀的化現。

涅槃（Nirvāṇa, 藏 *nya ngen lay de pa*）：被認為是超越輪迴成就的顛峰，代表輪迴轉生的停止以及痛苦的息滅。

寧瑪傳承（Nyingma Lineage, 藏 *nying ma pa*）：從第八世紀蓮花生大士創立這個教派以來，仍然維持不斷的傳承，他征服了許多反對力量，在西藏建立了穩固的佛教。寧瑪在字面的意義是「古老的」，這是指它在西藏佛教歷史所扮演的角色。今天，寧瑪派主要有五個傳承，每一個都代表無數的經典、伏藏、傳法。參看金剛乘主要教派（Major Orders）。

垢障（Obscuration, 藏 *drig pa*, 梵 *āvarana*）：迷妄的心在輪迴中的經驗，會有不同程度的遮障，一般說來有四種。第一階段是心看不到自己，對於自心本性停留在無知的狀態，稱爲定障（obscuration of fundamental ignorance）。第二階段，當心尋找自己但還沒碰到本性，因此定義心爲自我，稱爲所知障（obscuration of habitual tendencies）。心的妄念發展第三階段，在執著與分別的迷亂中反應，稱爲煩惱障（obscuration of emotional afflictions）。第四階段，遮障衍生遮障，無止盡的身、語、意對心的情緒混亂（源於自他二元的錯誤觀念）做出反應，現在被業果的法則所束縛，稱爲業障（obscuration of karma）。

蓮花生大士（Padma Saṃbhava, 藏 *padma sam bha va*, 717-762）：一般稱爲咕嚕仁波切，這位八世紀著名的上師降服了反對佛法在西藏傳揚的邪魔。因爲他降生在烏地雅納湖心的一朵蓮花上，應西藏國王赤松德貞的邀請入藏，所以稱爲蓮花生大士。他也是寧瑪傳承的創始者。參看九乘（Nine Vehicles）。

班智達（Pandita, 藏 *pan di ta*）：用以表示學問淵博者的名詞，同時也表示他是一位具足五明的上師。五明是指聲明、因明、內明、工巧明、醫方明。一個真正偉大的學者稱為大班智達。

般涅槃（Parinirvāna, 藏 *yong su nya ngen lay de pa*）：應世的佛陀離開他的肉身。西藏佛教徒慶祝釋迦牟尼佛出生、成道和涅槃的日子，都在藏曆第四個滿月的時候，通常在五月或六月。

頗瓦法（Phowa, 藏 *pho wa*）：那洛六瑜伽之一，這種修行專注在死亡時刻將意識轉化到阿彌陀佛淨土，是一種破除輪迴的方法。

毒（Poison）：參看煩惱（Kleśa）。

般若波羅蜜多（Prajñā Pāramitā, 藏 *she rab kyi pha rol tu chin pa*）：是大乘經典的一系列法教，詳細闡釋諸法空性的意義。通常譯為圓滿智慧。這個詞也用在代表智慧圓滿的佛母。

辟支佛（Pratyekabuddha, 藏 *rang sang gye*）：在西藏傳統，這個名詞象徵了悟的一個主要階段，是透過檢視十二因緣而得道的。但是這個階段的了悟被認為是還沒有圓滿的佛。在早期的經典中，這個名詞是指一個有情眾生並沒有上師的助益就得解脫，也沒有去幫助他人。這同時也是指九乘中的第二乘。

人身難得（Precious Human Existence, 藏 *dal jor lü ten*）：是指隨著人身而來的許多自由和機會。這種自由是來自於沒有降生在八無暇之地；機會是指個人的狀況和環境，稱為十圓滿。所謂五自圓滿（Five Personal Opportunities），包括：

(1)得人身；(2)根具足；(3)生值佛國；(4)深信三寶；(5)無宿業顛倒、未造五逆重罪。所謂五他圓滿（Five Environmental Opportunities），包括：(1)值佛住世；(2)佛轉法輪；(3)佛法住世；(4)僧團住世；(5)修行因緣具足。參看八不自在（Eight Non-Freedoms）、八無暇（Eight Unrestful States）。

本初意識（Primordial Consciousness）：參看阿賴耶識（Ālaya-Vijñāna）。

本覺（Primordial Wisdom）：參看如來藏（Tathāgatagarbha）。

淨土（Pure Land, 藏 *dak pay zhing kham*）：諸佛活動的範圍。據說有情眾生在珍貴的人身中得成就後，可以在淨土中繼續成熟其菩薩道。在所有淨土中，阿彌陀佛的極樂淨土是最知名的，但是金剛薩埵和其他報身佛的淨土也是能夠轉生的淨土。

紅帽傳承（Red Hat Lineage, 藏 *sha mar*）：用在寧瑪、薩迦、噶舉傳承上以區別革新的格魯傳承。格魯傳承是眾所周知的黃帽傳承。

皈依（Refuge）：參看皈依（Taking Refuge）。

世俗諦（Relative Reality, 藏 *kun dzop*）：描述諸法現象和因果關係的名詞。參看勝義諦（Absolute Reality）。

利美運動（Rime Movement, 藏 *ri mey*）：一個促進宗教團結的運動，由蔣貢康楚一世、欽哲旺波、米龐仁波切、德千林巴和其他許多人所發起，主要是因應十九世紀強烈宗派主義的氣氛。這個宗派主義已經在四大教派中因為政治競爭發展了四百多年，藉著重新確立個人修行作為法的基礎，並承認各教派都

可以藉著不同的方法成就。該運動鼓勵對其他教派採取寬容與
自制的態度，對於否定其他教派的方法也有效的普遍觀念也予
以鏟除。

珍寶伏藏（Rinchen Terdzod, 藏 *rin chen ter dzö*）：五珍寶之
一，是由蔣貢康楚一世所集結之浩瀚的伏藏灌頂和指導教法，
包含逾百冊經典，此集結要花數月才能完全傳授。卡盧仁波切
在一九八三年於印度索那達寺，對數千弟子給了這項灌頂加
持。

仁波切（Rinpoche, 藏 *rim po che*）：表示敬意的尊稱，意思是
「尊貴的」。通常是由根本上師授與喇嘛以認可他在修行上的
成就，或是認證某人是某位修行人的轉世。有時也用在親切的
指稱某位聖潔的人。

根本上師（Root Guru）：參看根本上師（Tsaway Lama）。

色身（Rūpakāya, 藏 *zuk kyi ku*）：字義是「形體身」，指外在的
身，由諸佛的身和語所組成。和法身相對，合稱為二身。參看
化身（Nirmānakāya）、報身（Samdhogakāya）。

儀軌（Sādhana, 藏 *trup thap*）：金剛乘的本尊觀修方法，包括
修行的法本。

薩迦傳承（Sakya Lineage, 藏 *sa kya pa*）：藏傳佛教的一支傳
承，由昆貢卻嘉波所創立，和大譯師馬爾巴是同時代的人，該
派結合了其他傳承及自己所傳下來的教法。參看金剛乘主要教
派（Major Orders）。

三摩地（Samādhi, 藏 *ting nge dzin*）：禪定（用在單獨、沒有任

何資格上的認定，這個詞不包含在禪觀中的程度）。

四空定（Samādhi of Elemental-Exhaustion, 藏 *ze pa jung bay ting nge dzin*）：瑜伽定中屬於位階較高者，瑜伽士能夠控制心識，可以顯現五大的力量，並運用五大製造特殊的效果。卡盧仁波切在內文中曾提及密勒日巴對四空定的熟練。

普賢王如來（Samantabhadra, 藏 *kun tu zang po*）：指本初的佛性，也是一切眾生佛性的種子，一切眾生最後都會成佛。普賢王如來有時又稱本初佛。

三昧耶（Samaya, 藏 *dam tshik*）：金剛上師與弟子之間的承諾，通常只有在金剛乘灌頂時才產生。這個誓戒有十四根本墮和八個次要的戒。三昧耶戒也可以是金剛上師直接以口頭要求的特殊戒律。參看金剛師兄弟（Vajra Brothers and Sisters）。

報身（Sambhogakāya, 藏 *long cho dzok pay ku*）：指明心的潛能，是佛語的特質，其空性如回音，也是諸佛的圓滿智慧。在本書中有時是指現實如夢的特質；有時是指從法身所化現的道路，顯示成佛是一個可以達到的目標。

輪迴（Saṃsāra, 藏 *khor wa*）：現象與存在的循環，指生、死、轉生的無始無終過程，有情眾生都受此束縛直到成佛解脫為止。參看六道輪迴（Six Realms of Saṃsāra）。

僧伽（Sangha, 藏 *gen dun*）：梵文用來表示佛陀教法的追隨者，尤其是指受戒剃度的人，或是指出家與在家的修行人，有時也指成就阿羅漢和菩薩的團體。

種子字（Seed Syllable, 藏 *tsa ngak*）：覺悟心的最初化現，這

個神聖的字母在禪觀的生起次第過程扮演很重要的角色。每一個本尊都有他的種子字和咒語。參看生起次第（Kyirim）。

有情眾生（Sentient Being, 藏 *sem chen*）：輪迴於六道中的一切眾生，擁有不同程度的感知能力，意味著他們都有意識。

七支供養（Seven Offerings, 藏 *yan lak dun pa*）：是從普賢菩薩十大願擇出的普及本，出自《大方廣佛華嚴經》〈普賢行願品〉，被認為是菩薩十願中值得仿效的七項行為，分別是：(1) 禮敬諸佛；(2) 廣修供養；(3) 懺悔業障；(4) 隨喜功德；(5) 請轉法輪；(6) 請佛住世；(7) 普皆迴向。七支供養也可以用觀想，或是實際上用碗裝盛飲水、清水、鮮花、馨香、燭火、香水、食物等七種供養品。

毗盧七支坐法（Seven Postures of Vairocana, 藏 *nyam nyang chö dun*, 梵 *saptadharma Vairocana*）：指毗盧遮那佛的理想坐姿，是禪修者應該採取的理想姿勢。其身體各部分的位置是：(1) 軀體挺直，保持穩定放鬆；(2) 收斂雙目，直視鼻前四英吋或更遠的定點，下巴和頸部保持正直；(3) 雙肩向後，如鷹展翅狀；(4) 唇輕閉，舌抵上顎；(5) 輕輕收縮下顎；(6) 盤腿採蓮花坐姿；(7) 手結定印置於臍前，掌心朝上，右手置於左手上，兩拇指尖輕輕碰觸。

奢摩他（Śamatha）：參看止（Zhinay）。

香巴傳承（Shangpa Lineage, 藏 *shang pa*）：十一世紀的瓊波那爵（Khyungpo Naljor）所創立，這個傳承的名稱是源自於該寺院的所在地。瓊波那爵活了一百五十歲，曾跟過一百五十位

上師和根本上師，包括金剛乘史上一些最著名的女性成就者。
這個傳承的教法主要就是從這些女性上師傳授給瓊波那爵所
擷取的，以及一些極受尊敬的護法修行法門。大部分大黑天護
法（Mahākāla）的傳承都可以回溯到香巴傳承。香巴傳承現
在被視為噶瑪噶舉的一支。波卡仁波切是現今傳承持有者（譯
者按：波卡仁波切已於二○○四年八月十七日圓寂），他從卡
盧仁波切處接受傳承法脈，而卡盧仁波切則是在巴蚌寺從諾布
敦珠仁波切處接受法脈。

聲聞（Śrāvakas, 藏 *nyen tho*）：已經得到九乘中第一階位聲聞
乘的人，圓滿的覺性已經浮現，被比喻為人類生命中的幼年
期。聲聞的特質是完全依賴聽聞上師的教法和忠告而成就，他
們已經掌握了人無我的真理，但是還沒有領悟法無我的真理。

空（Śūnyatā, 藏 *tong pa nye*）：經常被誤解為空無所有。這個
詞通常是指諸法是互相依緣、無自性的。也用來描述法身的經
驗，覺悟心識的特質，超越妄念的。

成就者（Siddhās）：參看大成就者（Mahāsiddhās）。

六識（Six Consciousnesses, 藏 *nam shi tshok druk*）：五種感官
和意識的感知與經驗，稱為六識：眼識、耳識、鼻識、舌識、
身識、意識。六種感官的對象稱為六塵：色、聲、香、味、
觸、法。

六大（Six Elements, 藏 *jung wa druk*）：指地、水、火、風、
空、識。六大在人道中都有，其他道有些則欠缺某種元素。例
如，色界天沒有地大、水大和火大；無色界天只有識大；畜生

道只有基本的五大而沒有識大的明顯特質，亦即欠缺智慧。

六波羅蜜（Six Pāramitās, 藏 *pha rol tu chin pa druk*）：字面上的意思是「到彼岸」，指以卓越行為超越個人業的羈絆，到達覺悟的彼岸。大乘六波羅蜜的修行是：布施、持戒、安忍、精進、禪定、智慧。

六道輪迴（Six Realms of Saṃsāra, 藏 *dro wa rik druk*）：下三道依序是：(1)地獄道：此處眾生因過去瞋恨的惡業而墮入極冷或極熱的痛苦中。(2)餓鬼道：此處眾生因過去貪心的惡業而陷入極為飢餓的痛苦中，一因食物不足，二因沒有適當的消化器官。(3)畜生道：此處眾生因過去無明的惡業而處於時時要尋找庇護所和食物的痛苦。三善道是：(4)人道：此處眾生因為過去傲慢的業而必須處在極端氣候、環境、社會的痛苦。(5)修羅道：此處眾生因為過去生嫉妒的業而必須忍受極端好戰的情境。(6) 天道：此處眾生因為過去生懶惰的業而轉生極端快樂的情境，但快樂最終會結束。

那洛六瑜伽（Six Yogas of Nāropa, 藏 *Naro chö druk*）：那洛巴傳給瑪爾巴的修行法，包括：拙火瑜伽、幻身瑜伽、睡夢瑜伽、光明瑜伽、中陰瑜伽、遷識瑜伽，被視為噶舉傳承修行的一部分。通常在三年閉關期間教導那洛六法。

蘊（Skandhas）：參看五蘊（Five Skandhas）。

藏識（Storehouse Consciousness）：參看阿賴耶識（Ālaya-Vijñāna）。

舍利塔（Stūpa, 藏 *cho ten*）：作為供養佛陀遺物的建築物，由

虔信的追隨者所興建，以象徵性的遺物來紀念佛陀的身、語、意。之後，其他聖者的遺物也被置放在舍利塔內，並塑造雕像等。傳統上，較大的舍利塔可以供做繞行用，較小的可以裝飾佛龕。舍利塔是佛陀心識在世間的象徵物，也是佛陀的心還在世間的表示。

痛苦（Sufferings, 藏 *duk ngal*, 梵 *dukha*）：通常有所謂的三苦和四苦。三苦是：行苦、壞苦、苦苦。四苦是：生、老、病、死，這四苦有時也指四魔（煩惱魔、五陰魔、死魔、天魔）。

須彌山（Sumeru, Mt., 藏 *ling zhi ri rab*）：乃傳說中宇宙的中心。想像由珍貴的珠寶製成，從海中生起，安住在宇宙的黃金地上，四周圍繞著銅山，周遭還有小島和陸地環繞。根據佛教的說法，我們所在的世界是在須彌山南邊的洲，稱為南瞻部洲，有藍天碧海。其他部洲的天和海有紅色、白色和金色的。四大部洲分別為南瞻部洲、西牛貨洲、北俱盧洲、東勝身洲。

經（Sūtra, 藏 *do*）：應世佛陀釋迦牟尼的教法，最初是以巴利文寫就，已經被翻譯成好幾種文字。

自性身（Svabhāvikakāya, 藏 *ngo bo nye ku*）：指和身、語、意三身俱生的第四身，體性身。

皈依（Taking Refuge, 藏 *chap su dron wa*, 梵 *sāraṇa*）：在上師面前接受正式的承諾，表示學生已決定要證得佛性，從輪迴中解脫，也顯示一個人皈依要接受佛陀的法教，並成為佛弟子。在金剛乘中，同時也皈依三根本：上師（Tsaway Lama）、本尊（Yidam）和護法（Dharmapālas）。

丹珠爾（論藏，Tangyur, 藏 *tan gyur*）：由佛學者布頓仁千珠
（Buton Rinchendrup, 1290-1364）所編輯的西藏佛教論典，
以及其他後人的編撰，是印度大師們的論述集。

密續（Tantra, 藏 *gyü*）：字義是「線索」或「連續」，用來描述
金剛乘行者所採行深奧的道路。許多經典的集結也稱密續，是
作爲三乘教派基本教法的儀軌和論述，特別強調金剛乘。

密乘（Tantrayāna）：參看金剛乘（Vajrayāna）。

度母（Tārā, 藏 *drol ma*）：觀音菩薩慈悲心的女性化現，有說是
觀音慈悲的淚水化現。傳統上，綠度母修行被認爲是除障和增
益，白度母修行則是延壽和成就法門。

如來（Tathāgata, 藏 *de zhin shek pa*）：佛陀的另一別稱，顯示
他無來無去的本質。從三世紀以來對一些論著的翻譯一直對這
個組合的字該如何拆解分析有爭議：如果拆成 tathā gata，意
思是如去；如果拆成 tatha agata，意思是如來。以梵文的意思
來看，兩者的翻譯都成立。參看釋迦牟尼佛（Buddha
Śākyamuni），空性（Emptiness）。

佛性（Tathāgatagarbha, 藏 *de zhin shek pay nying pa*）：被認爲
是一切衆生與生俱來的潛力，也就是清淨阿賴耶覺識。因此，
佛陀就是再度發現自性的人。

菩薩十地（Ten Levels of Bodhisattva）：參看地（Bhūmi）。

十不善業（Ten Non-Virtuous Actions, 藏 *me ge wa cu*, 梵
akusála）：十善業的反面，包括：殺生、偷盜、邪淫、妄語、
兩舌、惡口、綺語、貪欲、瞋恚、邪見。

十善業（Ten Virtuous Actions, 藏 *ge wa cu*, 梵 *daśa kuśala*）：
這些行為包括三項身所造業：不殺生、不偷盜、不邪淫。四項
語所造業：離妄語、離兩舌、離惡口、離綺語。三項意所造
業：離貪欲、離瞋恚、離邪見。

口傳（Textual Transmission）：參看口傳（Lung）。

十三地（Thirteenth Stage of Enlightenment, 藏 *cu sum dor je
dzin pay sa*）：被認為是金剛乘的究竟圓滿，只有超越十地菩
薩之後才可能達到。

三門（Three Gates, 藏 *go sum*）：身、語、意被認為是三身的
門。

三寶（Three Jewels, 藏 *kon chok sum*, 梵 *triratna*）：指釋迦牟
尼佛、他的法教和他的追隨者，這三者被認為是珍貴的，稱為
三寶。參看釋迦牟尼佛（Buddha Śākyamuni），皈依（Taking
Refuge），三根本（Three Roots）。

三根本（Three Roots, 藏 *tsa wa sum*）：金剛乘修行的三個基本
要素：上師、本尊、護法。參看皈依（Taking Refuge）、三
寶（Three Jewels）。

三世（Three Times, 藏 *dü sum*）：過去、現在、未來，意即涵蓋
一切時間。

三年閉關（Three-Year Retreat, 藏 *lo sum chok sum*）：通常是指
三年三個月又三天的閉關，完全在一個與外界隔離的情況下
舉行。為了提升修行的進展，是金剛乘的傳統方法，修行內
容有：四加行、本尊瑜伽和大手印等等。卡盧仁波切在幾次

305

場合中對於參加過閉關者的頭銜做了一些釐清，他澄清指出，參加過閉關而不打算繼續持守比丘戒和比丘尼戒的人，尊稱為瑜伽女或瑜伽士。參加過閉關而願意持守戒律的出家人，稱為喇嘛，以和一般出家人做區別。女人參加過閉關且願意持守戒律者，稱為阿尼。（雖然這不是區分閉過關者的正式頭銜，但根據卡盧仁波切的說法是既不輕視也沒有過度。他解釋當比丘尼的受戒制度在西藏恢復之後，才有可能接受比丘尼受戒以和閉關者做一區別，這是噶舉傳承持有者的認定。而西藏比丘尼制度的恢復，必須有十位女性到大乘傳統的地方受比丘尼戒，並守戒十年以上。）參看喇嘛（Lama）、根上本師（Tsaway lama）。

帝洛巴（Tilopa, 藏 *ti lo pa*, 988-1069）：印度大成就者，那洛巴的上師，以大手印傳承而知名，據說他是直接接受金剛總持的教導，也是噶舉傳承的創始人。

施受法（Tonglen, 藏 *tong len*）：由阿底峽尊者所傳的法，透過慈悲心的運用，擴展禪修的覺性。這個修行法是行者吸氣時觀想吸入眾生的痛苦，藉著誠心祈請息止痛苦而得到轉化，呼氣時給予眾生清淨加持以利益眾生，被認為是增長菩提心最好的方法。

口傳（Tri, 藏 *tri*）：在金剛乘傳統灌頂和經教傳授之後的指導，說明了成就本尊瑜伽的次第，是開始修行本尊瑜伽前的第三個要素。

三乘（Triyāna, 藏 *tek pa sum*）：佛陀光明、無礙心識的化現。

如一般熟知的般若乘，有三個面向：小乘、大乘、金剛乘。

根本上師（Tsaway lama, 藏 *tsa way la ma*, 梵 *mūlaguru*）：字義是「主要的上師」，通常翻譯為根本上師。一般認為金剛上師（執行金剛乘灌頂並給予四部密續的法教）的色身與事業是釋迦牟尼佛的化身，而弟子與根本上師之間的連結也使得弟子有機會去開展菩提心，透過根本上師的連結而與釋迦牟尼佛建立了不間斷的清淨傳承。根本上師是金剛乘的三根本之一，用這個詞是指覺悟心識的智慧與方便的結合，是覺悟的心（法身層次），是覺悟的認知之道（報身層次），是法教的形式（化身層次）。因此，這個根本有形體化現，有本尊的報身化現，有勝義諦和世俗諦的法身化現。

十二四緣（Twelve Links of Dependent Origination, 藏 *ten drel cu nye*, 梵 *dvadaśa pratītya samutpāda*）：無明緣行，行緣識，識緣名色，名色緣六入，六入緣觸，觸緣受，受緣愛，愛緣取，取緣有，有緣生，生緣老死。這些依緣的連結在時空中無止盡的糾纏。

兩門（Two Gates, 藏 *zin che tshen mey*）：生起次第的修行是有相瑜伽，圓滿次第的修行是無相瑜伽。參看生起次第（Dzogrim），圓滿次第（Kyirim）。

二身（Two Kāyas, 藏 *ku nye*）：指現實是由色身與法身組成。參看三身（Trikāya）。

二諦（Two Truths, den pa nye）：勝義諦和世俗諦。

烏迪亞那（Uḍḍiyāṇa, 藏 *Ö gyen*）：蓮花生大士出生地，也是帝

307

洛巴居住地，可能是在阿富汗的帕格曼地區，或是北方巴基斯坦的史瓦特谷，更普遍的說法是位於帕米爾的興都庫什山和喜馬拉雅山之間。這個詞有時也被認爲是空行母的界域。

無礙（Unimpededness, 藏 *man gak pa*）：等同於覺悟的化現，被認爲是心的三個本質之一，與心的空性和清淨不可分割。參看清淨（Clarity），空性（Emptiness）。

金剛師兄弟姊妹（Vajra Brothers and Sisters, 藏 *dor je cam trel dang dor je chay cam trel*）：金剛乘中很重要的觀念，也是根本三昧耶戒之一。那些有共同根本上師以及同時參加灌頂者，被認爲有非常親密的關係；有共同上師者，有密切的關係；共同參加灌頂者，有積極的關係。三昧耶戒要求每個弟子尊敬上述關係的其他人，對金剛師兄弟妹做出不可原諒的憤怒或互相攻詰的行爲（因嫉妒或怨恨產生的結果），任何形式都不允許，因爲這樣的行爲被認爲是破壞了與根本上師之間的三昧耶戒。參看三昧耶（Samaya）。

金剛總持（Vajradhāra, 藏 *dor je chang*）：被認爲是諸佛金剛乘法教的究竟源頭，世尊在給予金剛乘教法和灌頂時就是顯現金剛總持身。

金剛上師（Vajra Master, 藏 *dor je lop pon*, 梵 *vajracārya*）：成就的禪修者，擁有法脈、本尊、密續的傳承，以及金剛乘的教法，有足夠的權威和能力把這些傳授給別人。參看根本上師（Tsaway Lama）。

金剛慢（Vajra Pride, 藏 *dor je nga gyal*）：又稱爲佛慢，是指禪

修者變得完全了知本尊的特質。當了解本尊的特質之後,會生起一種圓滿的感覺,行者的身、語、意已經和三根本的身、語、意合一。這種慢與煩惱情緒的傲慢是不同的。

金剛薩埵(Vajrasattva, 藏 *dor je sem pa*):東方的佛,他的元素是水,他的智慧是大圓鏡智,他的修行是對治瞋恨之毒。四加行的除障修行就是觀想本尊、念誦金剛薩埵百字明咒。參看佛部(Buddha Families)。

金剛乘(Vajrayāna, 藏 *dor je thek pa*):字義是「如鑽石一般、不可摧毀的車乘」,是三乘之中最深奧的。因為很倚重念咒,有時也稱為密咒乘;因為是導致智慧與方便的結合,有時也稱為密續乘。金剛乘傳統的要義是本尊修法和大手印、瑪哈阿努、瑪哈阿底的修習。參看小乘(Hīnayāna)、大乘(Mahayāna)、九乘(Nine Vehicles)。

毗婆舍那(Vipaśyanā):參看內觀(Lhatong)。

灌頂(Wang, 藏 *wang*, 梵 *abhiṣeka*):授權或灌頂儀式(以許多不同的形式、要素和儀式對象),由金剛上師授與本尊的加持,讓金剛弟子能修習本尊儀軌。

加持(Waves of Grace, 藏 *jin lap*, 梵 *adhiṣṭhāna*):根本上師對弟子所散放的加持力量,是弟子成功顯現虔敬的重要因素之一。據說弟子成就的速度,直接與上師加持的力道成正比。

智慧與方便(Wisdom and Means, 藏 *thap dang she rab*, 梵 *prajñā and upāya*):根據大乘觀點,智慧與方便的結合會產生最高層次的了悟。

乘（Yānas）：參看小乘（Hīnayāna），大乘（Mahayāna），金
剛乘（Vajrayāna），九乘（Nine Vehicles）。

本尊（Yidam, 藏 *yi dam*）：釋迦牟尼佛所傳授禪修的本尊，爲
不同層次覺者的化現。釋迦牟尼佛就對因陀羅菩提國王化現密
集金剛，對香巴拉國王化現時輪金剛。隨著他入涅槃，其他
的本尊透過許多大成就者和瑜伽士的報身而化現，因此，有現
在眾所周知的數百個本尊，每一本尊都和人道有淵源或傳承，
都有能力提攜行者達到究竟證悟的狀態。最普遍被修行的本尊
有觀音、綠度母、白度母、金剛薩埵等。

除障（Zangthal, 藏 *zang thal*）：障礙的清除，指在瑜伽道上精
進階段，讓瑜伽行者通過所有有形、無形的垢障，沒有任何阻
礙或困難。

止（Zhinay, 藏 *zhi nay*, 梵 *śamatha*）：通常翻譯爲定，藏文兩
個字母的意思是平靜和恆久。心在煩惱情緒平靜以後的安止狀
態，稱爲止禪，是表示禪修的一種狀態。禪修傳達佛教一個很
重要的觀念，當心安住在空性時，並不是處在空白虛無的狀
態。而是，這個教法認爲諸法有一個特質，在每一刻反映實相
如是如是，如果我們安住在認知心的本質中，就會在日常生活
中實踐時時安止的經驗。

卡盧仁波切喜愛寵物，通常養有一隻貓。（謝拉·艾賓攝影）

一九六〇年代晚期，卡盧仁波切和嘉晨喇嘛在索那達寺與謝拉・艾賓
閒話家常。（謝拉・艾賓攝影）

一九六〇年代晚期卡盧仁波切在索那達的家中。（謝拉·艾賓攝影）

參考書目

Chang, Garma C. C.（張澄基）：《密勒日巴十萬首證道歌》（*The Hundred Thousand Songs of Milarepa*），Vols. I & II．Boulder & London: Shambhala, 1977。

Milarepa（密勒日巴）：《啜飲山泉》（*Drinking the Mountain Stream*），〈密勒日巴的故事與道歌〉（*New Stories & Songs by Milarepa*），貢噶仁波切、布萊恩譯。NoVato: Lotsawa, 1978。

Heruka, Tsang Nyon：《譯師瑪爾巴生平》（*The Life of Marpa the Translator*），譯自西藏邱揚創巴仁波切的那瀾陀翻譯協會。Boulder: Prajna Press, 1982。

Inada, Kenneth K.：《龍樹及其中論簡述》（*Nagarjuna, A Translation of his" Mulamadhyamakakarika" with an Introductory Essay*）。Tokyo: The Hokuseido Press, 1970。

'Jam-mgon Kong-sPrul：《覺悟之道》（*A Direct Path To Enlightenment*），麥可理奧譯。Vancouver: Kagyu Kunkhyab Chöling。

Johnson, Russell, and Moran, Derry：《西藏的聖山》（*The*

Sacred Mountain of Tibet），〈到凱拉斯的朝聖之路〉（*On Pilgrimage to Kailas*）。Rochester, Vermont: Park Street Press, 1989。

Luk, Charles：《大佛頂首楞嚴經》（*Surangama Sutra*），釋迦牟尼佛說法，中印度沙門般剌密諦譯。New York: Charles Tuttle & Co., 1969。

Maitreya, Arya & Asanga, Acarya（彌勒菩薩）：《究竟一乘寶性論》（*The Changeless Nature*），堪千創古仁波切講述，凱尼斯、凱蒂雅譯。Scotland: Karma Drubgyud Darjay Ling, 1985。

Karma Tenpei Gyeltsen 譯：《持守菩薩戒與菩提心》（*Maintaining The Bodhisattva Vow and The Bodhicitta Precepts*）。San Francisco: Kagyu Droden Kunchab, 1980。

McLeod, Kenneth I.：《駛向解脫道的戰車》（*The Chariot for Traveling the Path To Freedom*），〈卡盧仁波切的生平〉（*The Life Story of Kalu Rinpoch*）。San Franciso: Kagyu Dharma, 1985。

Milarepa：《不可思議之旅》（*Miraculous Journey*），〈密勒日巴的故事與道歌〉（*New Stories & Songs by Milarepa*），Lama Kunga Rinpoche and Brain Cutillo 譯。Novato: Lotsawa, 1986。

Namgyal, Takpo Tashi：《大手印》（*Mahamudra*），〈心的本質與禪修〉（*The Quintessence of Mind and Meditation*），

Lobsang Lhalungpa 譯注。Boston and London: Shambhala, 1986。

Nalanda Translation Committee 譯：《智慧之雨》(*The Rain of Wisdom*)，〈噶舉上師的金剛道歌〉(*The Vajra Songs of the Kagyu Gurus*)。Boulder & London: Shambhala, 1980。

Rinpoche, Kalu（卡盧仁切波）：《琉璃明鏡》(*The Crystal Mirror*)。New York: Kagyu Thubtcn Chöling, 1982。

Rinpoche, Kalu（卡盧仁切波）：《法》(*The Dharma*)，〈如日月之光無私的照耀眾生〉(*That Illuminates All Beings Impartially Like the Light of the Sun and the Moon*)。Albany: State University of New York Press, 1986。

Rinpoche, Kalu（卡盧仁切波）：《得道之海》(*The Ocean of Attainment*)。Vancouver: Kagyu Kunkhab Chöling, 1974。

Snellgrove, David, and Richardson：《西藏文化史》(*A Cultural History of Tibet*)。Boulder: Prajna Press, 1980。

Snellgrove, D. L.：《喜金剛密續》(*The Hevajra Tantra*)。London: Oxford University Press, 1980。

Sprung, Mervyn：《中觀釋義》(*Lucid Exposition of the Middle Way*)。Boulder: Prajna Press, 1980。

Thinley, Karma：《十六世大寶法王的歷史》(*The History of the Sisteen Karmapas of Tibet*)，大衛史考特編輯。Boulder: Prajna Press, 1980。

蓮花生大士：《西藏度亡經》(*The Tibetan Book of the Dead*)，

Francesca Fremantle and Chögyam Trungpa Rinpoche 譯述。
Boulder: Shambhala, 1975。

Tsong-Ka-Pa（宗喀巴）：《密宗道次第廣論》（*Tantra in Tibet*），Jeffery Hopkins 譯。London: George Allen & Unwin, 1977。

Willis, Janice Dean：《鑽石光》（*The Diamond Light*）。New York: Simon and Schuster, 1972。

Rinpoche, Kalu（卡盧仁切波）：《卡盧仁波切文集》（*The Writings of Kalu Rinpoche*），Kenneth McLeod 譯。Vancouver, B.C.: Kagyu Kunkhyab Chöling, 1976。

跋

　　一九八三年坐在索那達寺的佛堂，我陷入思緒之中，我不知道要將卡盧仁波切的法語帶給你們、帶給讀者，需要極大的努力（至今超過四千小時）；也沒有想到這個工作會因為改變我對心的真正本質的看法而深深地改變了我的生活。

　　大約一千八百個小時的工作，我深深投入第六章、第九章、第十章的素材。最近一個晚上，一個不可抵抗的訊息逐漸清晰，我心中生起強烈的虔敬心，並立即化現為下列的祈請文。

　　經常提到噶舉傳承將會住世直到虛空盡，以利益一切眾生。仍是如此，香巴噶舉和噶瑪噶舉父母給予我的加持，使我產生清淨的喜樂，我的祈請文是為了這個果。以我站在解脫之門的入口，我以真理供養，當你讀到這些時請分享我的發心。

伊莉莎白・席蘭迪雅

噶舉傳承住世祈請文

無盡旋轉廣大清淨的漩渦，
慈悲馴服悲傷妄念的愁苦，
正念轉化卓絕智慧的生起，

噶舉吾父們，
傾聽吾們的祈請！

在夜之死絕，
聽雷鳴之聲，
受豪雨碰觸，
願無上智慧洗淨我心；
在日之照耀，
時值當下，
嘗甘露之味，
願光明清淨化現爲覺悟之心。

噶舉吾母們，
傾聽吾們的祈請！

因我無信心的徘徊，
在您屈服於悲傷之前，

願您能經受，
我最後遲疑的緊抓自我。

在您成功的達到目標之前，
願您見證眾生的完全解脫，
最後順從的接受「他人」。

在您進入天外之天前，
願輪迴海岸的最後顆粒，
融化在您慈悲的大海中。

在您安住於對眾生的大愛之前，
願您散播無量的覺性之波，
成就菩提心。

噶舉吾母們，噶舉吾父們，噶舉祖古們，
盡吾們形壽，願能在您們身找到安慰！

　　卡盧仁波切和一些受尊敬的仁波切成立了一個非營利組織，想把西藏的佛法經典翻譯成為幾種不同的文字。最近，這個工作已經啟動，開始著手翻譯蔣貢康楚羅卓泰耶的《寶性論》，完成時將超過二千頁。在菩提迦耶興建翻譯者永久居住所的計畫很快會開始，大約會有五十位翻譯者和學者參與這項正在進行中的工作，讓保留在西藏的智慧能夠廣布於世。這是卡盧仁波切最後的願望之一，希望進行中的工作能完成、計畫能持續，將法盡可能的化為多種語文。

伊莉莎白‧席蘭迪雅

Gently Whispered: Oral Teachings by the Very Venerable Kalu Rinpoche
© 1994, 2008 by Elizabeth Selandia
Complex Chinese language edition published in agreement with
Barrytown/Station Hill Press, Inc. through *jia-xi* books co., ltd, Taiwan. R.O.C.

善知識系列 JB0046
大手印暨觀音儀軌修法

作者：卡盧仁波切
序　：第十二世泰錫度仁波切
譯者：陳琴富
封面設計：黃健民
內文排版：雅典編輯排版工作室

總 編 輯	張嘉芳
編　　輯	游璧如
業　　務	顏宏紋
出　　版	橡樹林文化
	城邦文化事業股份有限公司
	台北市民生東路二段 141 號 5 樓
	電話：(02)25007696　傳眞：(02)25001951
發　　行	英屬蓋曼群島家庭傳媒股份有限公司城邦分公司
	台北市民生東路二段 141 號 2 樓
	客服務專線：(02)25007718；(02)25001991
	24 小時傳眞專線：(02)25001990；(02)25001991
	服務時間：週一至週五上午 09:30-12:00；下午 1:30-17:00
	劃撥帳號：19863813；戶名：書虫股份有限公司
	讀者服務信箱：service@readingclub.com.tw
	城邦讀書花園網址：ww.cite.com.tw
香港發行所	城邦（香港）出版集團有限公司
	香港灣仔駱克道 193 號東超商業中心 1 樓
	電話：(852)25086231　　傳眞：(852)25789337
	Email: hkcite@biznetvigator.com
馬新發行所	城邦（馬新）出版集團【Cité (M) Sdn.Bhd. (458372 U)】
	41, Jalan Radin Anum, Bandar Baru Sri Petaling,
	57000 Kuala Lumpur, Malaysia.
	電話：(603) 90578822　　傳眞：(603) 90576622
	Email：cite@cite.com.my
印　　刷	中原造像股份有限公司
	初版一刷　2008 年 5 月
	初版六刷　2019 年 3 月
	ISBN：978-986-7884-82-4
	定價：340 元

城邦讀書花園
www.cite.com.tw

國家圖書館出版品預行編目資料

大手印暨觀音儀軌修法 / 卡盧仁波切著；第十二世
泰錫度仁波切序；陳琴富譯.
-- 初版 . -- 臺北市：橡樹林文化，城邦文化出版：
家庭傳媒城邦分公司發行 , 2008. 05
面 ； 公分 . -- (善知識系列；JB0046)
譯自：Gently whispered: oral teachings by the
          very venerable Kalu Rinpoche

ISBN 978-986-7884-82-4 (平裝)

1. 藏傳佛教　2. 佛教修持

226.965   97005968